¡Sssssshhhhhhhhhhh!

Haz del teatro algo íntimo

Llévalo siempre en el bolsillo

Cubierta y diseño editorial: Éride, Diseño Gráfico
Dirección editorial: ángel jiménez

Primera edición: marzo, 2025

Teatro breve. Volumen III
© Herederos de Enrique Jardiel Poncela
© VdB, 2025
Espronceda, 5
28003 Madrid

VdB®

ISBN: 978-84-19850-89-8
Depósito Legal: M-5810-2025
Diseño y preimpresión: Éride, Diseño Gráfico

 Este libro protege el entorno

teatro breve
Volumen III

Edición de Enrique Gallud Jardiel

Enrique Jardiel Poncela
Madrid, (15-10-1901/18-02-1952)

Escritor y dramaturgo español. Su obra, relacionada con el teatro del absurdo, se alejó del humor tradicional acercándose a otro más intelectual, inverosímil e ilógico, rompiendo así con el naturalismo tradicional imperante en el teatro español de la época. Esto le supuso ser atacado por una gran parte de la crítica de su tiempo, ya que su humor hería los sentimientos más sensibles y abría un abanico de posibilidades cómicas que no siempre eran bien entendidas. A esto hay que sumar sus posteriores problemas con la censura franquista. Sin embargo, el paso de los años no ha hecho sino acrecentar su figura y sus obras siguen representándose en la actualidad, habiéndose rodado además numerosas películas basadas en ellas. Murió de cáncer, arruinado y en gran medida olvidado, a los 50 años.

De entre sus casi 50 obras estrenadas destacamos *Usted tiene ojos de mujer fatal* (1932), *Angelina o el honor de un brigadier* (1934), *Cuatro corazones con freno y marcha atrás* (1936), *Un marido de ida y vuelta* (1939), *Eloísa está debajo de un almendro* (1940), *Los ladrones somos gente honrada* (1941), *Madre (el drama padre)* (1941), *Los habitantes de la casa deshabitada* (1942), *Blanca por fuera y Rosa por dentro* (1943), *Tú y yo somos tres* (1945) o *El sexo débil ha hecho gimnasia* (1946).

ENRIQUE JARDIEL PONCELA

teatro breve

Volumen III

Índice

EL TEATRO Y LA REALIDAD

El teatro y la realidad
a través del drama poético

Cuando les digan a ustedes que el teatro es el fiel reflejo de la vida real, siéntense en un sillón, colóquense en una postura cómoda y ríanse hasta la congestión pulmonar. Entre todos los géneros literarios, el teatro es el más falso, el más fatídico y el más alejado de la realidad. Voy a intentar demostrar mi aserto. Supongamos una misma escena de la vida real, trasplantada, por ejemplo, a la alta comedia y al sainete, comparémosla después con la misma escena, y tal como se desarrollaría en la realidad sensible. La escena es esta: una esposa, obligada por las circunstancias, entera a su marido de que... ha hollado el tálamo con una «ligereza». Acaba la escena con el perdón del esposo, que, en el fondo, es una malva. La acción en un castillo de Navarra. Año 1590.

DON FERNANDO   (*Hace entrar a* DOÑA SOL *por la puerta del foro izquierda, y con cara de Judío Errante.*)
¡Penetrad en la estancia!

DOÑA SOL   ¡Me asustáis!

D. FERNANDO   ¿Os asusto? ¡Pardiez, quién lo creyera!

DOÑA SOL	Me extrañan vuestro acento y esa fiera expresión, que en el rostro dibujáis.

D. FERNANDO (*Con las cejas fruncidas.*)
¿Extrañáis, doña Sol, que en el rebaño
sea lobo el cordero?

DOÑA SOL Sí lo extraño.

D. FERNANDO ¿Y extrañáis, doña Sol, que el sol que
[alumbra
torne su luz en hórrida penumbra
y que de pronto la gaviota aleve
troque en negrura su blancor de nieve
y que el águila real, que al cielo vuela,
no vuele más?

DOÑA SOL ¡Lo extraño, por mi abuela!

D. FERNANDO ¿Pero halláis hacedera tal mudanza?

DOÑA SOL La mudanza es difícil, mas se alcanza.

D. FERNANDO Pues bien, esposa mía, de igual suerte
que los magos derrotan a la muerte
y que el cordero es lobo y que el rey Febo
se oscurece y después luce de nuevo,
yo, que siempre creí en vuestra decencia,
he ahuyentado esta noche mi creencia.

DOÑA SOL ¿Qué decís?

D. FERNANDO ¿Protestáis?

DOÑA SOL   ¿Pues qué queréis?

D. FERNANDO   ¡¡Que sepáis que mentís!!

DOÑA SOL   ¡Cómo os ponéis!...
               ¡Me injuriáis! ¡Me azoráis!

D. FERNANDO   ¡No lo neguéis!

DOÑA SOL   Os chaláis.

D. FERNANDO   ¿Confesáis?

DOÑA SOL   ¡¡Que os lo creéis!!

D. FERNANDO   (*Lleva a* DOÑA SOL *hasta un crucifijo.*)
               Venid aquí, señora, y ante Dios
               negad que no hay otro hombre entre los dos.
               ¡Vamos, negadlo! ¡Ay! Vuestro silencio
               me demuestra la falta que evidencio...
               Mas... ¿qué veo? Calláis y vuestra frente
               humillándose va,
               y observo que estáis ya
               dando diente con diente...

DOÑA SOL   ¡Piedad, Fernando!

D. FERNANDO   ¿Es cierto tal entuerto?

DOÑA SOL   Cierto es, sí.

D. FERNANDO   ¡Recontra! ¡Que era cierto!

(Queda diez minutos meditando. DOÑA SOL
se arrastra hasta sus plantas.)

DOÑA SOL   Perdonad, don Fernando,
a esta nueva María de Magdala.
que os está suplicando...
¡Perdonadme esa falta!...

D. FERNANDO   Pero ¿cuála?
¿La falta que lanzaste
sobre mi limpio nombre? ¿La que echaste
en mi resplandeciente ejecutoria,
que jamás fue manchada?
¿Me tomas, desdichada,
por el bobo de Coria?
¡Vive Dios! ¡No te arrastro por el pelo
y en una almena no te cuelgo de él,
porque tu pelo es suave terciopelo
y porque te lo ondula el gran Marcel!
Pues, ¡ay!, si así no fuera,
yo, convertido en sanguinaria fiera,
te haría sufrir todos los tormentos
que idearon los Césares cruentos.
Te haría consumir varios venenos;
te llevaría a todos los estrenos.

DOÑA SOL   *(Horrorizada.)*
¡Oh!

D. FERNANDO   Te haría atormentar de tantos modos
cual son los ideados:
te compraría todos
los libros en el mundo publicados.

DOÑA SOL   *(Espantada.)*
             ¡Aah!

D. FERNANDO   *(Implacable.)*
             Y juro por el Cid,
             que te obligara a atravesar Madrid
             haciendo que siguieras puntualmente
             lo que ordenase el bando más reciente.

DOÑA SOL   *(Sin poder resistir más.)*
             ¡Uf!

             (Se desmaya.)

D. FERNANDO   *(Cogiéndola en sus brazos y enterneciéndose.)*
             Pero no temas, no, dulce paloma,
             que haga esto que te digo. Es una broma.
             Y con tal de que vuelvas del desmayo
             haz, alma mía, de tu capa un sayo.

DOÑA SOL   *(Balbuciente y para su coleto.)*
             ¡Caramba, este Fernando, juro que
             es más idiota, el pobre, que un minué.

El teatro y la realidad
a través de la alta comedia

La acción en un salón de casa rica. Félix, que tiene treinta años, se pasea nervioso por la escena. Un reloj marca las diez menos cuarto. De noche. En seguida vibra un timbre y, tras una pausa, entra Lucila por el primero izquierda. Lucila representa unos veinticinco años.

LUCILA ¡Hola! ¿He tardado, verdad? Esa dichosa modista tiene tanta clientela que no acaba nunca de probarme. ¿Y tú, qué has hecho? ¡Ah! Te has pasado la tarde trabajando... Muy bien. Pero ¿qué te ocurre? Parece que estás triste, preocupado... ¿Algún disgustillo estúpido? Créeme: no vale la pena darse un mal rato por una insignificancia. *(Se quita el sombrero.)* ¡Uf!

FÉLIX *(Enciende un cigarrillo; esto de encender un cigarrillo en la escena cumbre, sucede en todas las altas comedias que se precien de serlo.)* Basta, Lucila. Lo sé todo.

(Frases imprescindibles y que se han repetido en el teatro mundial dieciséis millones ochocientas treinta y dos mil cincuenta y nueve veces.)

LUCILA *(Se hace la demente.)* ¿Que lo sabes todo?

FÉLIX   ¡Todo!

(*Una pausa. Las pausas son muy interesantes en
las altas comedias. Sirven para que los cómicos
oigan bien al apuntador, para que los espectadores acatarrados se desahoguen tosiendo y para
que otra parte del público haga «¡Chist, chist!»,
con lo cual crece el interés escénico.*)

LUCILA   ¿Dices que lo sabes todo?

FÉLIX   ¡Todo!

(*Repetición muy del gusto de todos los comediógrafos y que al oyente le hace siempre muy buen
efecto.*)

LUCILA   (*Sonríe forzadamente. Estas sonrisas forzadas
de la protagonista son las que crean en una ac-
triz la fama de insigne. Tampoco deben faltar
en una buena comedia.*) No te comprendo,
Félix.

FÉLIX   ¿Que no me comprendes?

LUCILA   No.

FÉLIX   Y, sin embargo...

LUCILA   ¿Qué?

FÉLIX   Debías comprenderme.

LUCILA   Pero...

FÉLIX   No finjas.

LUCILA   Todo esto es muy extraño...

FÉLIX   ¿Lo crees así?

LUCILA   Naturalmente.

(Frases cortas, llamadas «bocadillos», que nunca expresan nada, pero que motivan el que se diga de un autor: «Maneja el diálogo divinamente».)

FÉLIX   Lucila... Creo que siempre fui bueno contigo. He procurado darte satisfacciones y evitarte toda suerte de disgustos...

(Ojeada retrospectiva que también se estila mucho y que inclina al público a la melancolía.)

LUCILA   Es cierto, Félix. Yo creo que he sabido pagarte en la misma moneda de lealtad.

FÉLIX   ¿Lealtad? ¡No blasones de lo que te es desconocido!

(Desde este momento empiezan ya las frases de efecto. El comediógrafo se «vuelca» en las «réplicas» sucesivas.)

LUCILA   ¡Me ofendes, Félix!

FÉLIX   Fuiste tú la primera que me ofendiste con una conducta que no califico.

LUCILA   ¿Te he hecho algún daño por ventura?

FÉLIX   El mayor daño que se le hace a los demás se basa siempre en un gusto propio.

(Aquí suelen empezar los rumores aprobatorios del público «sano», que es el que no entiende una palabra de lo que están diciendo los cómicos.)

LUCILA   He procurado siempre hacerte feliz.

FÉLIX   La felicidad solo reside en la ignorancia. Mas llega fatalmente un día en que se sabe lo que no se supo, y entonces...

LUCILA   Entonces, ¿qué?

FÉLIX   *(Con voz oscura.)* Entonces se quisiera no saber lo que se sabe, y lo que se supo pasa a no saberse, y lo que aún no se sabe se agranda ante la magnitud de lo sabido.

(Ovación segura. Estos líos de palabras arrancan al espectador del asiento y lo llenan de entusiasmo. Bravos, vivas; y cada frase es una tormenta de admiración.)

LUCILA   ¿Acaso?

FÉLIX   *(Con rudeza.)* ¡Sí, Lucila! ¡He averiguado!

LUCILA   (*Se apoya en un mueble.*) ¡Dios mío! ¡Ha averiguado!

FÉLIX   (*Mira al techo y con la mano sobre el corazón.*) He averiguado y algo se ha abierto bajo mis pies. ¡Divina ignorancia de los que no analizan! ¡Punzante latigazo de la verdad! Verdad... ¿por qué no me cubriste con tu manto de negra noche? Ignorancia..., ¿por qué no me tapaste con tu venda sutil las abiertas pupilas del alma?...

              (*Media hora de apóstrofes en este sentido, al acabar el autor sale dos veces a escena, reclamado por el delirio de la muchedumbre.*)

LUCILA   (*Aterrada.*) ¡Félix, por Dios!

FÉLIX   (*En el mismo plan de latiguillo.*) ¡No! ¡No me abochorna tu conducta! ¡Me abochorna y me escuece el error supremo en que siempre viví! ¡Te ensalcé, y me humillaste! ¡Te sacrifiqué mi vida, y tú hiciste holocausto de mi propia entraña!

              (*Ovación ensordecedora.*)

LUCILA   (*Llora.*) ¡Félix! ¡Félix! (*Llanto colaborador de todas las espectadoras.*) ¡Félix! (*Arrastrándose por el suelo.*) ¡Félix! (*La repetición del nombre en distintos tonos de voz aumenta el entusiasmo.*) Te herí con recia espada, pero aún guardo para ti bálsamos de arrepentimiento...

(Lloran también algunos caballeros.) ¿No habrá en ti algo de este perdón que te suplico? *(Llorantina general.)* ¿No sabrás perdonarme? *(Lloran los bomberos.)* ¿Devolverás lanzada por lanzada?

(Lloran los acomodadores.)

FÉLIX   *(Tras una pausa estupenda.)* Sí... Perdonaré. ¡Es ley de la vida!

(Un silencio. Llega hasta la escena el ruido de un violín, que toca el vecino del piso de arriba y así lentamente, cae el telón. Verdadera orgía de entusiasmo; el sonido del violín obliga a los espectadores a llevar al autor en hombros a su casa.)

A través de la realidad

Pero observemos ahora la realidad, y he aquí lo que en la realidad se dirían mutuamente los mismos personajes puestos en idéntica situación:

LUCILA   *(Entra con traje de calle.)* ¡Hola!

FÉLIX   Hola, sinvergüenza.

LUCILA   ¿Tienes ganas de armar jaleo?

FÉLIX   ¡Qué cinismo! De manera que vienes de ponerme en ridículo con Fernández y aún protestas...

LUCILA   ¿Te importa mucho de dónde vengo?

FÉLIX   Lo que voy a hacer es mandarte a casa de tu madre.

LUCILA   ¿Tienes ganas de armar jaleo?

FÉLIX   Te advierto que...

LUCILA   Bueno. ¡Déjame en paz! (*Llaman al timbre y aparece una doncella.*) Que sirvan la comida, Juanita.

(*Y nada más.* FÉLIX y LUCILA, *puestos en esta situación, no dirán ni una palabra más, aunque protesten los comediógrafos.*)

El teatro y la realidad
a través del sainete

Veamos cómo se desarrollaría el mismo «argumento» en forma asainetada. La acción en un comedor de casa pobre.

LINO   *(Entra por el segundo derecha, con las manos en los bolsillos de la zamarra, la vista clavada en el suelo y los bigotes encrespados.)* ¡Esto se ha acabado! *(Tira la gorra en un rincón.)* ¡Maldita sea una moto! Lo que a mí me ocurre, le sucede a don Wifredo el Velloso, y se afeita. *(Se deja caer en una silla.)* ¡Pensar que, después de doce años de habitar el tálamo en compañía de Evarista, me encuentro con la honra averiá! Porque la cosa está más clara que una sopa de fonda. Yo ya tenía la mosca detrás de la oreja, y la declaración que me ha hecho Domingo, el tapicero, ha acabado de hundirme en el consabido piélago. Evarista me engaña, y yo no puedo consentir que una mujer me toree por medias verónicas. La llamaré, y como resulte verdad la paella, armo una como pa no desarmarla en la vida. *(Se levanta.)* ¡Evarista! ¡Evarista!

EVARISTA   *(Por el primero izquierda, y secándose las manos con el delantal.)* ¿Pero qué pasa, hombre? ¿Qué te ocurre?

LINO   Me ocurre una cosa que es la verdadera Ibe-
              ria.

EVARISTA   Bueno, si estás de broma...

              (*Inicia el mutis.*)

LINO   (*Deteniéndola.*) ¡Alto ahí! No te me desvanez-
              cas, que tengo que echar contigo una parrafá.

EVARISTA   ¿Vas a contarme «El Vizconde de Bragelone»?

LINO   Voy a contarte los días que te quedan de vida.

EVARISTA   Me estás metiendo el corazón en un puño de
              piqué...

LINO   ¡Chufleo no, Evarista, porque estoy que mas-
              co!

EVARISTA   Pero ¿quieres decirme de una vez lo que te
              pasa, hidrófobo? Y abrevia el léxico, que es-
              toy lavando y me van a cortar el agua.

LINO   Si es verdad lo que sospecho, yo también te
              voy a cortar algo.

EVARISTA   Siempre he asegurado que eras un «hacha».

LINO   ¡Evarista!... ¿Recuerdas un día abrileño y so-
              leao, doce anualidades pa atrás, en que dos
              seres treintañeros y algo dementes se enca-
              minaron a unirse a la iglesia de la Paloma?

EVARISTA   ¿Pero es que ahora te vas a poner retrospectivo?

LINO   ¡Contesta! ¿Te acuerdas?

EVARISTA   ¡A ver si es que esa clase de burradas se olvidan alguna vez!

LINO   ¿Te acuerdas de que ambos a dos firmamos, y muy mal por cierto, un papel, en el que afirmaba que estaban casaos por la vía legal Evarista. Luganilla y Cretona y Lino Romerales y Machuca?

EVARISTA   ¡No me he de acordar! ¡Si a ti, de azarao que estabas, te se enredó la pluma en el papel y echaste un borrón en el Romerales!

LINO   Pues andando el tiempo, la que ha echado el borrón en mi apellido has sido tú.

EVARISTA   ¿Qué quieres decir?

LINO   Ya acabo. Aquel día nos juramos fidelidad delante de san Bruno pa mientras nos funcionasen los pulmones.

EVARISTA   Sí.

LINO   Y hoy, a pesar de que los pulmones nos funcionan mejor que el motor de un «Hispano», la fidelidad mutua se ha alejado con rumbo a las Antillas.

EVARISTA   ¿Eh?

LINO   No te hagas de nuevas, Evarista, porque me pierdo.

EVARISTA   Pero...

LINO   ¡Me he enterao de que me la estás dando con queso de la tierruca!

EVARISTA   ¡Lino!

LINO   Y de que todas las tardes, días lluviosos inclusive, te ves en el bar «Niza» con Melanio, el churrero. Y de que me estás tomando por el pito del sereno, y de que yo causo más risas que un drama social. ¿Te has enterado? ¿Es verdad lo que digo? ¿Eh? ¿Es verdad?

EVARISTA   (*Llorando.*) ¡Ay, madre mía, qué desgracia!

LINO   ¡Ya veo que es verdad! ¡Lo presumía más que un traje nuevo!... Pues ha llegao la hora de hacer una venganza que la del «Juan José» va a ser «Nesfarina».

EVARISTA   ¡Lino!

LINO   Porque yo, a buenas, soy una edición del «Corazón» en cartoné; pero, a malas, a malas, te mato a ti y mato al churrero, y le incendio el establecimiento y le estropeo la máquina fabricadora.

EVARISTA   ¡Pero, Lino!

LINO   Voy a buscar la piedra de apisonar los filetes,
             y vuelvo pa darte con ella en eso que tienes
             encima de los hombros.

             (*Inicia el mutis.*)

EVARISTA   ¡No! ¡Eso, no! ¡Ah! ¡Sí! ¡Ya!

             (*Se desmaya.*)

LINO   ¡Mi circunspezto padre! ¡Se ha desmayado! La
             verdad es que soy más bruto que un perche-
             rón. ¡Menudo disgusto la he dao! (*Se acerca a
             ella, lloroso.*) Evarista. ¡Amos, mujer, resucita,
             que no lo volveré a hacer! Vuelve, Evarista,
             que te van a cortar el agua. Ná. No vuelve ni
             en broma. ¡Evarista, que to lo he olvidao ya!
             ¡Vuelve!

EVARISTA   (*Aparte, abriendo un ojo.*) Ya me parecía a mí
             que eso de matarme era una copla.

A través de la realidad

             *Pero observemos ahora la realidad y he aquí lo
             que en realidad se dirían mutuamente los mis-
             mos personajes, puestos en idéntica situación.*

LINO   (*Entra.*) Oye, tú, so arrastrá, ¿es verdá eso que
             me han dicho?

EVARISTA   ¿Qué te han dicho?

LINO   Que estás liá con el churrero.

EVARISTA   ¡A ver si te vas a hacer de nuevas, atontao!

LINO   ¡Si no me valiera más que darte una bofetá, que...!

            (*Lo que sigue no lo pueden oír las personas decentes.*)

EVARISTA   ¡Tú qué vas a dar, boceras!

LINO   Amos que si yo...

            (*Se va por la derecha hablando solo.*)

            El lector comprenderá que era imprescindible sentar alguna vez el incuestionable hecho de que la realidad no tiene nada que ver con el teatro; mejor dicho: que el teatro no tiene nada que ver con la realidad.

TRAGEDIAS HISTÓRICAS

La peste en Atenas

La calle de los Hermes, en Atenas.
El año cuatrocientos veintinueve.
La peste aherrojó con sus cadenas
a toda la ciudad; nadie se mueve
del suelo, en donde yacen muchos seres
—hombres, niños, mujeres—
presas del mal terrible y lancinante
que mata a quienes pilla por delante.
Ya las sombras cubriendo el cielo van;
y la calle, con los seres que están
caídos, y que suman diez mil siete,
parece el comedor de «Casa Juan»
al llegar a los postres de un banquete.
De la escena en la parte de delante
hay un grupo de enfermos que es formado
por Pericles, *el hábil gobernante;*
Aspasia, *su mujer, que está su lado;*
Fidias, *el escultor escachuflante;*
Sófocles, *el autor tan celebrado;*
Paneno, *que en pintura es un gigante,*
e Hipócrates, *el médico afamado.*
Todos sufren la peste y sus rigores
y se quejan con fúnebres clamores.

Fidias   ¡Ay, ay, ay!

Sófocles   ¡Qué suplicio!

PANENO	¡Que tortura!

HIPÓCRATES   De dolor se me parte la cintura.

ASPASIA   No puedo más…

PANENO   Ni yo tampoco puedo.

FIDIAS   El socio que no sufra que alce el dedo.

(Con esfuerzo sobre humano
alza PERICLES *la mano.)*

PERICLES   ¿Tú dijiste? Pues ya te obedecí.
¡Si os faltan fuerzas aprended de mí!

(A contener su asombro nadie acierta
y todos quedan con la boca abierta.)

HIPÓCRATES   *(Que goza del asombro consiguiente,*
le murmura a PERICLES *lo siguiente:)*
¡Qué voluntad la tuya! ¡Qué manera
de vencer al dolor en lucha fiera!
Bien se ve que te gusta el estoicismo
y que abrazas también el melquiadismo.

PERICLES   En esta edad y en próximas edades
es y será el más grande don Melquiades.

SÓFOCLES   Pericles, ¿y qué opinas del Soviet?
Anteayer me escribieron una carta
diciendo que lo implantan en Esparta…

PERICLES	Prefiero la doctrina de Gasset, que tiene, como Costa, razón harta.
FIDIAS	¡Ay, ay, ay! ¡Qué dolor!
PERICLES	¡Fidias, caray, no nos entones más el «ay, ay, ay»! Procura hacerte fuerte y luchar sin gemir contra la muerte. Mira tu alrededor: todos callados y están, cual tú y cual yo, muy apestados. Aguántate el dolor y no seas burro. La pobrecita Aspasia está hecha un churro y calla con la flema londinense propia de quien nació en la brava Atenas; ¡quien grita sus dolores y sus penas es que ha nacido en Lugo o en Orense!
PANENO	En bellas frases tienes un tesoro…
ASPASIA	¡Mereces que te den la oreja de oro!
FIDIAS	¡Nunca hubo hombres que tan bien hablaran…
PERICLES	(PERICLES, *que es un tío muy modesto, corta la voz de* FIDIAS *con un gesto.*) Cesad en los elogios, que me azaran… ¿Por qué, vamos a ver, no le dais coba a Aspasia, que es mujer? El darle coba a un tío tan tonto como yo es gran desvarío. En esta moribunda reunión

está Fidias, aquel que el Partenón
adornó con inmensas esculturas,
y Sófocles, el mago de la escena,
e Hipócrates, el padre de Avicena,
y Paneno..., sublimes criaturas
que en ciencias y artes pueden dar lecciones,
que viéndolas despacio
son bastante más grandes que el palacio
de comunicaciones.
Pero yo... solo he sido
un pelmazo; de todos muy querido,
receptor de dulzuras y de amores,
pero un pelmazo nada más, señores.

ASPASIA   *(De* PERICLES *esclava en los hechizos,*
acaricia al «Olímpico» los rizos.)
«Peri»... ¡No digas eso!
Tú has sido para Atenas el progreso.
Déjame que en tu faz imprima un beso.

SÓFOCLES   Mirad cómo a Pericles besa y mima.

PERICLES   Aspasia, cuida bien de que la rima
no te haga hablarme del Peloponeso.

PANENO   En esa horrible guerra
el renombre de Atenas cae a tierra.
Llevamos veinte meses en la liza
y contamos la undécima paliza.

HIPÓCRATES   Yo no sé de otro, en casos parecidos,
en que nos hayan dado más zurridos.

Aspasia	De derrotas llevamos un exceso que pone en nuestras almas frío hielo.
Sófocles	¡Nos está dando Esparta para el pelo!
Pericles	Para el pelo… poneso… (*Las gentes apestadas* *vencen su cruel dolor a carcajadas.*)
Paneno	¡Tienes mucha más sal que Benavente!
Pericles	En esto de hacer chistes sí soy gente.

(Y Pericles *recibe la ovación*
adoptando un aspecto muy chulón.)

Fidias	Yo os suplico, ¡oh, simpáticos!, que dejemos los finos chistes áticos para ocasión más buena y conveniente. Nos cercan serios males y hemos de hablar serenos y formales. ¡Fuera chufla! Volvemos al aprisco… La guerra, como veis, nos hace cisco; la peste se nos lleva a toda marcha; el ateniense fuego es hoy escarcha y mirad sin pasión, caros amigos: nuestro arte y nuestra ciencia son dos higos. Pericles fue adminículo que nos empujó a todos al pináculo; si ayer tuvimos del saber el báculo, hoy tenemos por báculo el ridículo. Yo me atrevo a decir que ha llegado el momento de morir.

(Hay una pausa; de diversos modos
en lo dicho por FIDIAS *piensan todos.)*

HIPÓCRATES Señores, a mi juicio, habló bien este.
¡Pongámonos supinos y a morir de la peste!
Extendámonos todos por el suelo.
¡Si vivimos, haremos el canelo!

(De allí a un breve momento
se arrojan de la muerte en la agonía.
Solo es Atenas ya una tumba fría
cuando empieza bajar el telón lento.)

La caída del Conde-Duque de Olivares

Comedia histórica que se desarrolla
en el Palacio Real del Buen Retiro, de Madrid,
en el año 1643.

Personajes   Pocos, pero muy importantes.

Decoración   Salón en el Palacio del Buen Retiro. Muebles tallados, lámparas magníficas.

El rumor de las frondas del Retiro, al través de los ventanales, penetra en la estancia, junto con los rayos tibios de un sol indeciso de enero. En un rincón platican a media voz una dama y dos caballeros. La dama es la REINA DOÑA ISABEL *de Borbón y los caballeros, el* CONDE DE CASTRILLO *y el* MARQUÉS DE GRANA CARRETO. *El primero, Presidente del Consejo de Hacienda, es un anciano manilargo, ojinegro, narigudo, cejijunto, cariestrecho y zanquilargo. El segundo es gordito y tiene cara de sofá.*

LA REINA ISABEL   (*Asombrada.*) ¿Qué me contáis?

EL CONDE DE CASTRILLO   Lo que escucháis.

EL MARQUÉS DE GRANA CARRETO   ¡Para que veáis!

LA REINA   Pero me asombráis...

EL CONDE   Es preciso que lo sepáis.

EL MARQUÉS   Para ver si lo evitáis.

LA REINA   ¡Atónita me dejáis!

EL CONDE   Veráis, digo veréis, Majestad, cómo ese hombre nefasto nos lleva a la ruina.

EL MARQUÉS   Vuestro augusto esposo, Majestad, no se da cuenta de lo que ocurre y así está la nación...

EL CONDE   ¡El valido tiene la culpa de todo!

EL MARQUÉS   ¡De todo! El miserable, que para su gasto particular consume anualmente 442.000 ducados, va deglutiéndose poco a poco el caudal nacional.

EL CONDE   El Conde-Duque entretiene a vuestro esposo con saraos, toros, comedias y otras idioteces..., y, mientras tanto perdemos los antiguos dominios, el pueblo no come, y los robos, los crímenes y otros excesos se suceden en las calles.

LA REINA   Aunque no lo decía, hace tiempo que todo eso lo vislumbraba yo. Felipe está alucinado; pero yo le sacudiré el letargo y el privado caerá, ¡os lo juro! ¿Eh?... Alguien viene...

(En efecto: óyense pasos en una cámara contigua, y al poco penetra un hombre que cubre sus ojos con unas gafas. Movimiento de asombro en los circunstantes.)

EL CONDE   ¡Quevedo!

LA REINA   ¿Tú aquí, Quevedo?... (*Saludos y otras ma-*
            nifestaciones.) ¿Pero no te tenía preso el Con-
            de-Duque en San Marcos de León?

DON FRANCISCO DE QUEVEDO   (*Sonriendo.*)
            Ha cuatro años que en San Marcos fui
                                        [encerrado
            y a la postre el escaparme he conseguido,
            de un privado que de todos se ha valido
            y un valido que de nada se ha privado.

EL MARQUÉS ¡Qué grande!

LA REINA   Eres inmenso hasta en el infortunio, Paco.

QUEVEDO   ¡Bah! Soy solo un pobre coplero...

EL CONDE   No digáis tal cosa... ¿Y quién os ayudó a fu-
            garos?...

QUEVEDO   Adivinad...
            No es político, soldado,
            poeta, fraile, ni histrión,
            ni bachiller, ni criado,
            ni golilla, ni letrado,
            ni rey, ni noble, ni hampón;
            mas la gente malhablada,
            y aún los que odien su vivir,
            no han de poder de él decir
            jamás que no pinta nada...

EL CONDE   Pues no acierto...

QUEVEDO   Este es el hombre que me ayudo a huir: don Diego de Velázquez.

(Y entra el gran pintor sevillano por la puerta por la que lo hizo QUEVEDO.*)*

DON DIEGO DE VELÁZQUEZ   A la pá de Dió, señore... Majestá...

(Se inclina.)

LA REINA   Dios te guarde, Diego. ¿Por lo visto también tu tienes enemistad con el Conde-Duque?

VELÁZQUEZ   ¿Yo?... ¡Mardita sea!... Pero sí ese tío malage me está escatimando lo ducado que er rey nuestro señó ordena que me den por mi cuadro... Yo me tengo que liá a da pinselá por cuatro indesente maravedise, y ahí está Surbarán, que pinta menos que un gargo cojo, cobrando en grande, porque le da la coba ar Conde-Duque.

LA REINA   Pues si tanto le odias, ahora tienes ocasión de vengarte. Nos hemos propuesto derribar al valido.

VELÁZQUEZ   ¡Ole!... ¡Ésa es la fija! ¿Tú que dise a esto, Paquiyo? Contesta en romanse, que me parto de risa, hijo...

QUEVEDO   Pues digo que lo que haré
para acabar la privanza

> a cualquiera se le alcanza:
> al conde le pondré el pie,
> y el duque caerá de panza...

VELÁZQUEZ ¡Pero qué sarsa tiene!

(*Abraza a* QUEVEDO.)

EL MARQUÉS Muy ingenioso.

QUEVEDO Cuatro años ha que señalé a Su Majestad los males que afligían a la nación en aquella epístola al privado, que empezaba diciendo: «No he de callar, por más que con el dedo, ya tocando la boca, o ya la frente...» Aquello me trajo el odio del valido y me valió el gemir en la cárcel. Hoy haré todo lo posible para...

VELÁZQUEZ Señore, er Rey se acerca...

LA REINA Voyme a preparar la celada al privado.

(*Y hace mutis en cuarta velocidad por una de las puertas. Asoma entonces Su Majestad* EL REY FELIPE IV *de las Españas. Es rubio, lleva bigote peinado a la borgoñona y la melena flotante. Al ver a* QUEVEDO, *que, como los demás, se inclina ante él, frunce el entrecejo.*)

EL REY FELIPE IV Si no me equivoco, Quevedo, tú estabas preso por cierta letrilla...

QUEVEDO   Epístola, y no letrilla,
           fue la que me encarcelara,
           por olvidar que en Castilla
           medra todo el que se humilla
           y se hunde quien da la cara.

FELIPE IV   ¿Qué quieres decir con eso?

VELÁZQUEZ   ¡Casi na!... Que Vuestra Majestá está segato,
            y que ese Conde-Duque, que é un lipendi,
            va a dar ar traste con la monarquía...

FELIPE IV   ¡Eh!... ¿Quién se atreve a hablar así?

VELÁZQUEZ   Vuestro pintó de cámara, señó, que cobra en
            maravedise lo ducao que vos le asignáis.

FELIPE IV   ¿Es cierto?

VELÁZQUEZ   Er Conde-Duque sostiene piculina der tea-
            tro der Príncipe con er dinero que tenía que-
            darme a mí...

FELIPE IV   ¿Y por qué hace eso el valido?

VELÁZQUEZ   Me tiene ojerisa, Señó, desde que hise su re-
            trato, porque le pinté la narise tal como la
            tiene, en lugar de achicársela.

FELIPE IV   ¡Ese Conde es un pollino!

QUEVEDO   Un pollino irracional
            como jamás otro vi,

pues no lleva sobre sí
ni la albarda ni el ronzal.

VELÁZQUEZ   ¡Arrea!

EL CONDE   ¡Azúcar!

EL MARQUÉS   ¡Atiza!

                (En ese instante entra LA REINA ISABEL *con el*
                Príncipe Don Baltasar en los brazos.)

LA REINA   *(Se acerca a* EL REY.*)* Aquí tenéis a vuestro
                hijo: si la monarquía ha de seguir goberna-
                da por el ministro que la está perdiendo, pron-
                to lo veréis reducido a la condición más mi-
                serable...

EL MARQUÉS   Nuestra augusta señora dice lo cierto.

EL REY   ¿Entonces?

QUEVEDO   Puesto que ese desdichado
                lleva a España a la estacada,
                aconsejad al privado
                que haga una vida privada...

EL REY   Pues ¡presto!... Que venga el Conde-Duque.

                (Se va VELÁZQUEZ *a buscar al privado, mien-*
                tras EL REY *escribe rápidamente una esquela.*
                Una pausa, y entra Don Gaspar de Guzmán,

CONDE-DUQUE *de Olivares. Es más feo que co-*
mer con gorra.)

VELÁZQUEZ   Aquí está er prójimo.

EL REY   Leed, don Gaspar.

EL CONDE-DUQUE   (*Leyendo.*) «Conde, os doy licen-
cia para retiraros a descansar a vuestra finca
de Loeches, y os mando que os vayáis luego,
y desembaracéis a palacio». ¡Mi madre!...
Pero..., ¿esto qué es?

QUEVEDO   Eso, querido Conde-Duque, es la patada de
«Charlot».

EL REY   (*Volviéndole la espalda.*) Hasta más ver, don
Gaspar.

EL CONDE-DUQUE   (*Alelado.*) Y ahora, ¿qué hago yo?

VELÁZQUEZ   Pues eso: marchaos a Loeches, y podéis tomá
la agua de allí que son riquísimas...

***

EL LECTOR   Pero, oiga usted, ¿todos esos versos son de
Quevedo?

YO   No, señor. Son míos; parece mentira que no
lo haya comprendido usted al ver lo malos
que eran.

La partida de Colombo

Proemio

Preciosísima lectora, simpático lector: en el año de gracia de 1918, un servidor compró a un ropavejero un cofre de sándalo, tallado, incrustado, sigloquincesco; una alhaja, en fin. Como la cerradura no funcionaba, el cofre era impenetrable; mas haciendo palanca con tina palanqueta, conseguí abrirlo. En su interior hallé un envoltorio de papeles repletos de una escritura jeroglífica y extraña. Esto en sí no tiene nada de particular; lo mismo se puede uno encontrar unos papeles, que unas babuchas, que se puede uno encontrar... huérfano de pronto. Es cuestión de suerte... de suerte qué yo me encontré los citados palimpsestos. Al cabo de cuatro largos años de constantes esfuerzos he triunfado, es decir, he traducido los documentos, que están encabezados así:

Escenas históricas, tomadas por Pero Manzano de la Oliva y descendientes, al modo taquigráfico, siguiendo el procedimiento imaginado por Taquix, el maestro griego, que tuvo su academia en Atenas, en la calle de las Hermes, cerca de la puerta Dipila, según se baja a los Propileos, a mano derecha, en el año 425 antes de J.C.

Y a continuación se advierte la minuciosa labor de los Manzanos de la Oliva, los cuales se hallaron presentes en todos los acontecimientos históricos habidos en el planeta donde taconeamos, desde el último tercio del siglo XV hasta el siglo XVIII. Los Manzanos tomaron taquigráficamente todas las frases pronunciadas en aquellos instantes gloriosos por las figuras más prefulgentes de la historia hispana.

Leyendo estos admirables palimpsestos, ¡cómo se nota lo que esa misma historia se ha falseado a través de las edades...!

Lectora, lector: he aquí el palimpsesto primero:

La partida de Colombo

Palos de Moguer, a 3 de agosto de 1492. Son las seis de la mañana. La «Santa María», la «Pinta» y la «Niña», esas tres carabelas que van a surcar las hondas ondas ignotas, están dispuestas. En la segunda de ellas se ha colocado un gran pendón para que, al regreso, se sepa que es COLÓN *quien llega. ¡Todos los que quedamos estamos seguros de conocer a* COLÓN *por la «Pinta»! En el muelle el bullicio es ensordecedor; las familias despiden a los tripulantes que van a salir. Es decir, que estos están encima del muelle y van a salir despedidos. Toda la corte se ha trasladado a este pequeño y mísero pueblo, formado por barracones de madera. Tan solo hay una casa que pueda recibir tal nombre. En ella se ha hospedado el monarca. Según me han dicho unos vecinos, es esta la primera vez que un* Rey *entra en la casa del pueblo. A las cinco y media, la nobleza y los villanos han oído una misa en el muelle. Entre los primeros vi al* Vizconde Santarem, Don Juan de la Cosa, Luis de Santángel, Alfonso de Ojeda *y* Don Francisco Bobadilla. *También se hallaban presentes, además de muchas damas,* Fray Fernando de Talavera, Fray Diego de Deza *y* Don Iñigo López de Mendoza. *El padre* Marchena de la Rábida, *ocupaba un puesto de honor. Durante la noche los reyes han autorizado el jugar unas partidas de dados a los caballeros; pero se les ha prohibido jugar a las damas. Después de comulgar,* Cristóbal Colombo[1] *se ha inclinado ante Fernando e Isabel, y les ha dirigido una despedida muy literaria, Para dar una idea de todo esto, voy a trasladar los distintos diálogos al pie de la letra:*

---

[1] Lo de llamarle Colón a secas sucedió después, cuando la gente comenzó a tomarse confianza con el navegante.

CRISTÓBAL COLOMBO   (*Acaba su discurso, a* LA REINA ISA-
BEL.) Y mi agradecimiento a vos, señora,
que en este viaje pusisteis tanto empeño[2].
La Tierra no puede ser plana. Eso, con perdón de estos nobles caballeros, es una gru-
llez. (*Sordos rumores.*) En la náutica abun-
dan los ciegos. (*Siguen los sordos.*) ¡La Tierra es redonda! ¡No hay que darle vueltas!
¿Por qué no han de continuar las Indias
por el Occidente? ¿Por qué no ha de haber
un nuevo mundo dentro de la esfera? ¡Pensar que por decir esto de la esfera habeis-
me puesto en manos de verdugo!... (*Los rumores crecen notablemente.*) ¡Pero vos, mis
señores, no dudasteis de mí!... Y para en-
grandecer Castilla formáis esta escuadra[3].
¡Gracias, gracias!...

(COLOMBO *besa conmovido las regias manos.*)

EL VIZCONDE DE SANTAREM   (*En voz baja.*) ¡Qué coba
fina se trae ese hombre!

LUIS DE SANTÁNGEL   ¡Lo que es, es un embustero que
tira de espaldas!

---

[2] Obsérvese el doble sentido de la frase: Isabel la Católica había em-
peñado las joyas para la *tournée* por América.

[3] Colón llamaba escuadra a tres barquillos. ¡Pobre almirante! Aquello, más que escuadra, era un cartabón.

EL VIZCONDE   ¡Mira que decir que la Tierra es redonda!....

SANTÁNGEL   El otro día la comparaba con una pelota.

ALFONSO DE OJEDA   Discurre menos que una cebolla.

FRAY FERNANDO DE TALAVERA   Lo que afirma es terrible sa-
crilegio. Las escrituras dicen que el cielo es
un tabernáculo o tienda extendido sobre la
Tierra; luego esta no puede ser redonda.

SANTÁNGEL   (*Con suficiencia y chufla.*) Padre: yo, para
convencerme de que la Tierra es plana, no
necesito acudir a las escrituras. Me basta el
ver que estoy de pie y no me caigo; jamás
he podido sostenerme sobre una pelota.

(*Risitas contenidas de los nobles.* FRAY FERNAN-
DO *se amosca y se va a otro grupo.*)

ALFONSO DE OJEDA   ¡Ya hemos echado al clérigo!

(*Siguen charlando con animación.*)

FRANCISCO DE BOBADILLA   (*A* ALONSO PINZÓN, *comandante de la Pinta*) Y vos, ¿qué pensáis, Pinzón?

ALONSO PINZÓN   Yo creo, señor de Bobadilla, que de esta
la diñamos.

F. DE BOBADILLA   Pero en Occidente, ¿no creéis posible ha-
llar tierra?

ALONSO   ¡Ca!... Lo más que encontraremos será barro.

F. DE BOBADILLA   Desalentado os veo,

ALONSO   *(Se ladea la gorra emplumada con aire chulón y señalando a la «Pinta».)* ¿Acaso creéis que con esta birria de canoa se puede ir más allá de Cádiz?...

F. DE BOBADILLA   ¿Cuánto calado tiene?

ALONSO   Diez palmos. Pero dejad que lleguemos a alta mar, el agua se meta por el maderamen y nos mojemos todos. ¡Ya veréis entonces cuánto calado!...

F. DE BOBADILLA   ¿Creéis que pasaréis las Canarias y el archipiélago de Las Negras?

ALONSO   Sí; Las Negras las pasaremos, estoy completamente seguro.

FRANCISCO PINZÓN   *(Comandante de la «Niña»; es un individuo más postinero que una tobillera.)* Este Colombo es un malandrín.

DON JUAN DE LA COSA   ¿Por qué decís eso, Pinzón?

F. PINZÓN   Porque tiene un ansia que ni en broma se puede imaginar vuacé. ¡Nada menos que se le ha ocurrido pedir el título de Gran Almirante de los mares!

Don Juan   Si triunfa en la empresa, es justo.

F. Pinzón   Si triunfa y descubrimos un archipiélago, se nombrará Archipámpano del Archipiélago.

Don Juan   Es un título esdrújulo.

F. Pinzón   ¡Toma!... Y hace el pie pequeñísimo. Pero si a él lo nombran eso, llevando la «Santa María», ¿qué me tenían que nombrar a mí, que llevo la «Niña»?

Don Juan   Pues...

F. Pinzón   La «Santa María» es una embarcación fuerte; pero la «Niña» es muy delicada. No sé cómo le sentara el sol.

Don Juan de la Cosa   Siendo delicada, es de suponer que admirablemente.

F. Pinzón   Al sol temo que no trabaje bien, porque tiene muy mala madera, Me parece que la «Niña» va a hacer aguas.

Don Juan   ¿No ha navegado ya?

F. Pinzón   Sí; pero en aguas españolas, que son pequeñas en importancia. El poner a la «Niña» en aguas grandes será su fin.

(Don Juan de la Cosa y Paquito Pinzón *continúan hablando entre sí.*)

VARIOS MARINEROS   (*Desde la «Santa María».*) Bueno; pero ¿nos vamos o qué?...

OTROS MARINEROS   (*Desde la «Pinta».*) ¡Que nos aburrimos!

UN GRUMETE   (*Desde la vela latina. Este grumete es el inventar de los timos como «¡Te daba así!», «¡Pa haberse ahogao!», «¡Ni a la ventana te asomes!», etc. y grita al almirante, sin pizca de respeto.*) ¡Colombo!... ¿Dónde me pongo?

COLOMBO   (*Que ha oído el grito, bastante azorado.*) Entonemos un *Te Deum* por el éxito de nuestra expedición.

(*Se entona el* Te Deum *en latín.*)

EL REY FERNANDO   (*Aparte a* COLOMBO.) Cristóbal, date a la mar, porque la tripulación se te chuflea, ya lo estás viendo.

(COLOMBO *comienza a despedirse definitivamente de toda la corte.*)

COLOMBO   Hasta la vuelta, señores.

EL VIZCONDE   ¡Adiós! ¡Adiós! De todas veras celebraré que comprobéis que la Tierra es una pelota.

ALFONSO   Buen viaje, Colombo. No dejéis de traerme de las indias una máquina «Gillette».

SANTÁNGEL *(Que trata a* COLOMBO *con confianza.)* Cristobalillo..., ¡saluqui!...

(Y le da un abrazo muy fuerte.)

COLOMBO *(Muy sereno.)* No aprietes tanto, que me chafas la dalmática. ¡Adiós!

UNA DAMA DE LA CORTE *(Es muy romántica; se ha enamorado de* COLOMBO *y está que no da una.)* Cristóbal... No dejéis de escribirme una vitela en cuanto lleguéis. ¡Sí; escribidme en llegando!

F. DE BOBADILLA *(Aparte a* ALFONSO DE OJEDA *y lleno de envidia.)* ¡Ese bastardo miserable...!

ALFONSO *(Con muy mala intención.)* Veréis, amigo, como esa vitela la escribe Colombo con letra bastardilla...

F. DE BOBADILLA *(Sonriente, dando un cachetito a* ALFONSO DE OJEDA *en un carrillo.)* ¡So malo!...

EL GRUMETE DE MARRAS *(Soltando las amarras y con voz femenil.)* ¡Ay, Genoveva!...

*(*COLOMBO *sube a la «Santa María». Las tripulaciones están ya en las carabelas. Todo está dispuesto para la marcha. Las trompetas de la guardia real entonan el* Banderita.*)*

COLOMBO *(Verdaderamente emocionado.)* ¡Qué hermosa música!

ALONSO   Este Colombo es más cursi que remar en el estanque del Retiro.

UN MARINERO COBISTA ¡Viva el Almirante!...

UN PERRO DE LA ESCUADRA   ¡Guau, guau!...

UNA PERRA QUE SE QUEDA EN TIERRA   ¡Guau, guau!...

LOS PALETOS *(Es decir, los naturales de Palos.)* ¡Vivaaa!

LA REINA   *(Para su interior.)* Si ese hombre no descubre alguna tierra, quedo en ridículo en la Historia. ¡Eso es viejo!...

EL REY   *(Se dirige a* LOPE DE MENDOZA.*)* Me parece que Colombo no encuentra más tierra que la que lleva en las sandalias...

              *(*MENDOZA *sonríe.)*

UNA VOZ   *(Al timonel.)* ¡Orza!

OTRA VOZ   *(La de un andaluz asombrado del gentío.)* ¡Arza!...

COLOMBO   *(Agitando un pañuelo.)* ¡Adiós!...

LA DAMA ROMÁNTICA   ¡Dios mío, el pañuelo en el que le he bordado las dos ces!

FRAY FERNANDO   Ese hombre es una mula; porque si la Tierra es redonda, en cuanto llegue a la parte de abajo y se ponga pies para arriba, no hay duda que se da un morrón de abrigo... En fin, allá él.

(*Las carabelas desaparecen en el horizonte. Desde el pueblo aún se ven los palos de las velas y, por un momento, el grumete, desde las velas aún ve Palos.*)

El descubrimiento de América

Decoración   Una playa tropical, que dan ganas de ponerla en cura porque pertenece al trópico de Cáncer. Fastuosa vegetación. El océano se supone que está a la derecha, oculto por las primeras cajas. Al fondo, selva impenetrable. Otra salida de bosque en la izquierda.

Al levantarse el telón se despereza un poco; luego se oye ruido de remos, de chalupas que se acercan y algunas voces francamente europeas. Por la izquierda, medio desnudo y con unas plumas en la cabezota, surge un natural de la isla que al oír las voces se detiene, como es natural. Y como es natural, natural de la isla, se asusta y se larga a todo correr. Hay una pausa, no se sabe dónde; pero la hay. Las voces se distinguen más claras y, por fin, por la derecha asoma la proa de la chalupa. «La chalupa», que pertenece a la dotación de la carabela «La Niña». Vestido con elegantísimos arreos, un pendón en la diestra y una espada en la siniestra, que aun siendo siniestra resultaba diestra, porque COLÓN *era zurdo, entra en escena el gran navegante. Tras él salen los hermanos* ALONSO y FRANCISCO PINZÓN, JUAN DE LA COSA, RODRIGO DE TRIANA, ELEUTERIO SALCEDO, *dos frailes, marineros, guerreros, timoneles, grumetes, etc. Toda gente de mar; pero la mar de gente.*

CRISTÓBAL COLÓN   *(Alza la mano derecha.)* ¡Señores, hagan el favor de no empujar!

*(Primeras palabras que, contra la opinión de al-
gunos historiadores, pronunció, al desembarcar,*
COLÓN.*)*

VOCES DE MARINEROS   ¡Viva el almirante!

OTRAS VOCES MÁS RONCAS   ¡Vivaaa!

FRANCISCO PINZÓN   ¡Viva el mayestático, energético y
geográfico navegante!

VOCES DE MARINEROS   ¡Vivaaa!

JUAN DE LA COSA   ¡Qué pico tiene este Pinzón!

ALVARO PINZÓN ¡Y que viva con holgura!

VOCES   ¡Vivaaa!

COLÓN   ¡Silencio, silencio! Voy a dar gracias al cielo,
izando la enseña de Castilla y de Aragón.

SALCEDO   ¡Muy bien!

*(*COLÓN *iza la enseña y la enseña a todos.)*

UNA VOZ AGUARDENTOSA   ¡Viva el Colón izador!

*(Origen de la palabra «colonizador» en la len-
gua castellana.)*

TODAS LAS VOCES JUNTAS   ¡Vivaaa!

Música

(Colón *y los hermanos* Pinzón *se adelantan a la batería y, a pesar de que se adelantan a la batería, se quedan más atrás que ella.*)

Colón   ¡Yo soy Cristóbal Colón!

A. Pinzón   Y yo, Alonso.

F. Pinzón   Y yo soy Paco.

Los Pinzón Y los dos somos Pinzón.

Los tres
Somos tres marinos
pero que hasta allí,
y ahora descubrimos
la isla Guahananí.
A España mandamos
fiel salutación,
¡y también mandamos
la tripulación!

Coro   Tri, tri, tri, tri, tri, tri, tri, tripulación.

Los tres
Al venir acá
la tripulación
ha querido armar
una insurrección
y del mar que ves,
bajo el cielo gris
ha estado en un tris
no morir los tres.

CORO   ¡Los tres, los tres, los tres,
            los dos Pinzones y el genovés!

COLÓN   A golpes de mar,
            del mar que la baña,
            a golpes de mar
            salimos de España,
            sin necesitar
            de nadie remolques...
            A golpes de mar.
            ¡Salimos a golpes!

LOS TRES   Y tras de pasar
            tres meses muy malos,
            no habrá que extrañar
            que volvamos a Palos.

CORO   A Palos de Moguer,
            a Palos de Moguer,
            a Palos de Moguer,
            a Palos de Moguer...
            ¡que salgáis de una vez
            de Palos de Moguer!

LOS PINZÓN ¡Y a ver si va a poder ser!

COLÓN   Llegué a esta tierra selvática,
            cubierto con mi dalmática,
            en la expedición acuática
            que se tachó de lunática.

CORO   ¡Pues, señor, vaya una plática
            tan cursi y antipática!

LOS TRES   De nuestra gloria gigante
todos sienten el respeto;
y es que somos un terceto
digno de firmarlo el Dante.
¡Qué grandes somos los tres!

CORO   ¡Los tres, los tres, los tres,
los dos Pinzones y el genovés!

LOS PINZÓN   Tripula marinero,
tripula un año entero.
Tripula marinero,
que así ganarás dinero.

TODOS   ¡Tripula, tripula,
tripula con ilusioooón!
¡Tripula, tripula,
tripula tripulacioooón!

(*Termina el número en medio de una alegría y de un regocijo que, como algunos campeones del tiro de pichón, tiran de espaldas.*)

Hablado

COLÓN   Buenos, pollos, a ver si hay un poco de seriedad y de circunspección, porque esto de descubrir las Indias occidentales no es ninguna *kermesse* benéfica.

A. PINZÓN   ¡Bien dicho!

COLÓN   Durante el viaje no me han mareado las olas,
             me habéis mareado vosotros, asegurando que
             yo estaba más loco que un rebaño de cabras,
             y que no encontraríamos tierra ni para llenar
             un cubo. Todo os lo perdono con tal de que
             no os dediquéis al dulce gualicheo, ahora que
             hemos tocado tierra de verdad.

JUAN   ¡Ele!...

COLÓN   No admito el que me jaleen, Juan.

JUAN   ¡Si no era jaleo! Si es que llamaba a Eleuterio
             Salcedo.

COLÓN   ¡Ah bueno! Pero que no se os olvide que to-
             car tierra no es tocar el «Mariposa».

F. PINZÓN   ¡Eso es hablar!

TRIANA   (*Aparte a* FRANCISCO PINZÓN.) Observaréis
             don Francisco, que el jefe está duro en sus
             reproches.

F. PINZÓN   Está hablando...

TRIANA   ¡Está duro!

F. PINZÓN   Está duro, pero está hablando. Está hablando
             muy bien.

TRIANA   ¡Ah, vamos! Perdonad el lío.

F. PINZÓN   A un viajero se le perdonan todos los líos, Triana.

TRIANA   (*Que está observando a* COLÓN.) ¿Y qué va a hacer ahora el italiano?

F. PINZÓN   ¿No lo advertís? Se dispone a entonar un «Te Deum».

COLÓN   Que doble la rodilla todo el mundo. Entonemos un «Te Deum» en acción de gracias. (*Se arrodillan todos los del séquito menos uno, que no se da cuenta, porque aún está atontado del descubrimiento.*) ¿Quién es ese que permanece de pie?

A. PINZÓN   Ese es un camarero de mi escolta.

COLÓN   Pues que doble la rodilla el camarero.

A. PINZÓN   ¡De rodillas, Venancio!

                 (*El camarero vuelve en sí y se arrodilla.*)

COLÓN   ¡Así! Empecemos. ¡A la una! ¡A las dos! ¡A las tres! «Te Deum, laudamus...».

                 (*Cantan todos a coro. Durante la oración se duermen algunos asistentes. También se duerme un soldado.*)

JUAN   (*A* SALCEDO.) ¿No creéis que Cristóbal entona mucho?

SALCEDO   Entona más que un caldo con yemas. ¡Pero nos está dando el «Te Deum»! Esto es demasiado largo.

JUAN   Ahora acaba...

SALCEDO   ¿Cómo? ¿El «Te Deum» termina ya?

JUAN   Digo que ahora acaba de dormirse Francisco Pinzón.

SALCEDO   Y eso que padecía insomnios...

JUAN   *(Muy asombrado.)* ¡Repenco!

SALCEDO   ¿Qué os ocurre?

JUAN   Mirad hacia este claro del bosque de la izquierda.

SALCEDO   ¿Hacia este claro más claro que los otros claros?

JUAN   ¡Sí, claro!

SALCEDO   *(Mira hacia el lugar indicado, en el cual se ve una india apenas tapada por un cinturón de hojas.)* ¡Mi tía, la priora de las Recoletas! ¡Una india!

JUAN   ¡Es más rica que el marqués de Fontalba!

SALCEDO   ¡Y que enseña más que la experiencia!

JUAN   ¿La habéis examinado?

SALCEDO   Sí.

JUAN   ¿Y qué?

SALCEDO   Sobresaliente. Estoy deseando hacer el indio.
            ¡Robémosla!

JUAN   ¡Eso es un rapto!

SALCEDO   Un rapto de entusiasmo. Venid. Pasado el mo-
            mento desagradable del rapto nos sonreirá.

JUAN   Tenéis razón, Vamos. La cuestión es pasar el
            rapto.

            (*Ambos desaparecen por la izquierda.*)

COLÓN   Concluyó el «Te Deum». De pie todos. (*Todos
            se levantan, y los que estaban dormidos se des-
            piertan.*) ¿Dormíais, Pinzón?

F. PINZÓN   No; es que meditaba con los ojos cerrados.

COLÓN   Me pareció que roncabais...

F. PINZÓN   Sería el ruido que hacen las ideas al brotar en
            mi mente.

COLÓN   ¡Ya! Señores...

VOCES DE TIMONELES   ¡Chits, chits, que va a hablar!

(*Todos callan.*)

COLÓN   Señores.., después de meter el remo una infinidad de veces, hemos llegado aquí... (*Rumores de «ya lo sabíamos», «noticia fresca», «nos ha sacado de una duda», etc.*) ¿Quién rumorea?

A. PINZÓN   Los marineros, que se hallan entregados a la función de amainar la vela latina de la «Santa María», capitán.

COLÓN   ¿Pero aún hay gente en la latina?

A. PINZÓN   ¡Claro! Hasta que acaben la función.

COLÓN   Bueno. Decía que hemos llegado a esta tierra salvaje, indudablemente habitada, y que os recomiendo una absoluta moralidad con sus habitantes, porque la moralidad... (*Voces confusas.*) ¿Qué ocurre?

TRIANA   Mirad, Cristóbal. Mirad lo que traen Salcedo y La Cosa.

COLÓN   ¡Regóndola, qué mujer!

(*Todos rodean a* SALCEDO *y a* JUAN DE LA COSA, *que entran con la india, desnuda. Descargan sobre ella una nube de piropos de todas clases. La turba marinera turba a la india con sus mal contenidos deseos.*)

UN MARINERO   ¡Miniatura!

OTRO   ¡Sal gema!

OTRO   ¡Manteca de Flandes!

OTRO   ¡Que me gustas más que Torquemada!

COLÓN   ¡Basta! ¡Dejadla! ¡Moralidad, orden, decencia! Ven aquí, desdichada hereje. (*Coge a la india de una mano y la lleva aparte.*) Bueno, es una media libra de Suchard; pero está como para tomársela con picatostes. (*Con el pretexto de ver si está formada igual que las mujeres europeas, la acaricia. Los demás forman grupo aparte, bastante ceñudos.*) Lo dicho. Está mejor formada que el ejército de Gonzalo de Córdoba. ¿Te gusto, idólatra?

            (*La india sonríe.*)

Música _____

COLÓN   (*Muy entusiasmado, a la india.*)
            Ebúrnea jovencita,
            si el clima no te daña,
            verás mis carabelas
            y te vendrás a España.
            Vestida a nuestra usanza,
            belleza ganarás;
            sabrás cuál es «La Pinta»,
            y así ganar podrás.

CORO   Y así ganar podrá,
y así ganar podrá.
Nosotros, ¿qué ganamos?
Pues no ganamos nada.

COLÓN   *(A la india, que se tapa el semblante con las ma-*
nos, descubriéndoselo a la fuerza.)
Tu cara no me ocultes
que quiero verla entera.

CORO   ¡Colón la ve la cara;
Colón la cara vela!

COLÓN   Que ya estoy que tropiezo
por lo que a ti respecta,
pues eres una alhaja;
casi una perla Kepta.
Eres una india
como pa volcar...
¡Al lado de esta india
yo me hago side-car!

CORO   Él se hace side-car,
él se hace side-car,
y a nosotros nos hace
la pascua el capitán!

Hablado

COLÓN   Compañeros... Moralidad y decencia. Esa es
la base en que se apoya el programa de los na-
vegantes geniales. Soy el capitán de la flotilla,

y estoy en el deber de apartaros del mal camino. Por eso, para evitar que faltéis a la moralidad y a la decencia, yo me coadligo con esta
india. (*Gritos de protesta.*)

MARINERO   ¡Qué guapo!

OTRO   ¡Goloso!

OTRO   ¡Colón, agáchate, que te hemos visto!

OTRO   ¿Te crees que somos de pueblo, Cristóbal?

COLÓN   ¡Silencio! ¡Silencio! ¿De qué os quejáis? Estáis fuertes y sanos, sois jóvenes, y para que
vuestros nombres pasen a la posteridad, los
reyes os han dado un Colón.

F. PINZÓN   El que quiere darnos un Colón sois vos mismo. ¡Y a eso no hay derecho!

A. PINZÓN   ¡Naturalmente! Porque vos pretendéis barrer
para adentro, y aquí en seguida se pilla al que
barre.

COLÓN   ¡Vive Dios! ¡Me ofendéis!

SALCEDO   ¡Menuda polvareda están armando entre los
que se pillan y el que barre!

COLÓN   Entonces, ¿quién es el dueño de la india?

F. PINZÓN   ¡Yo qué sé!

JUAN   Esa conducta, Cristóbal, me tiene muy quemado.

SALCEDO   La cosa está que arde.

A. PINZÓN   Y los marineros que se hallan junto a las velas empiezan a quemarse también.

COLÓN   Acabemos. ¿Qué pretendéis?

TRIANA   Que se sortee la india.

VOCES   ¡Sí, sí! ¡Eso!

COLÓN   ¡Se la rifan, está visto! Bueno. Pues la india será de aquel que diga antes «¡Viva la reina Isabel!»

VOCES INDISTINTAS ¡Viva la reina Isabel! ¡Viva la reina Isabel!

COLÓN   Habéis perdido. He ganado yo. Porque yo he sido el primero que ha dicho «¡Viva la reina Isabel!».

F. PINZÓN ¡Pues es verdad!

JUAN   ¡Es verdad!

SALCEDO   Él ha ganado. Nos ha repetido el truco del huevo pasado por agua...

COLÓN   Os convencéis de ello, ¿verdad? Pues mientras yo voy a aquellas malezas a enseñarle a la india el castellano, entonad vosotros un «Te Deum».

(Hace mutis con la india.)

A. Pinzón   ¿Otro «Te Deum»?

Triana   ¡Ahora lo va a cantar el Cardenal Cisneros! *(Cae el telón y le da a* Triana *en la nuca.)* ¡Mi madre!

(Entre todos se llevan a Triana *accidentado.)*

La entrega de Granada

En las dulces orillas del Genil,
cuya corriente pura y azulada
baña la extensa Vega de Granada
ocurrió el hecho aquel, el año mil;
mil cuatrocientos y noventa y dos,
si hemos de andar de la verdad en pos.
Ya un trecho avanzó el día en su camino,
luce del sol el áureo cabello
y no describo su destello bello
porque no quiero hacer el peregrino.
Estamos a dos de enero
y a pesar de que hace frío
un monumental gentío
cubre del valle al otero
y las márgenes del río
y hasta el último sendero
que baja como en cascada
desde la Sierra Nevada.
Y yo os afirmo en verdad
que esas numerosas gentes
son cristianos, impacientes
por entrar en la ciudad.
En el Genil recostada
y al final de un terraplén
altiva se alza Granada
y en sus almenas también
miles de seres se ven

que agitan sus blancos trajes;
son los moros adalides:
Gazules, Abencerrajes,
Omniadas y Almoravides.
En el campo castellano
y charlando mano a mano
de graves cosas están:
CÓRDOBA, el GRAN CAPITÁN,
y don Alonso, su hermano,
comendador de Castilla,
con el conde de TENDILLA
Y entre ellos, y de mirón,
se halla Martín de ALARCÓN

TENDILLA   De impaciencia, señores, estoy lleno.
            Ya son las doce y pico
            y no ha salido el jefe sarraceno.

ALARCÓN   Solo faltaba que nos diese un mico
            ese pelanas de Boabdil «el Chico».

CÓRDOBA   Con arreglo a tal norma
            también yo, amigo, a mi pesar discurro...

GRAN CAPITÁN Hace falta ser burro
            para hablar de Boabdil en esa forma.

CÓRDOBA   ¡Caramba, Gonzalito!

GRAN CAPITÁN ¿Me excedí?

CÓRDOBA   Casi me atrevo a asegurar que sí.

TENDILLA   Habéis dejado a vuestro hermano inmóvil
                  con esa frase, horriblemente airada.

GRAN CAPITÁN   Bueno, Alonso, pues pon que no hablé nada
                  y más abajo pon un sello móvil.

                  (*Todos los nobles ríen fuertemente*
                  ante aquella salida incongruente
                  y le hacen a GONZALO
                  de unas frases cobistas el regalo.)

ALARCÓN   ¡De gracioso que sois, tiráis de bruces!

TENDILLA   ¡Sois más chulo que un kilo de altramuces!

GRAN CAPITÁN   Vaya, basta de coba... Ved la reina
                  con qué impaciencia mira a la ciudad.

TENDILLA   Allí se ve a la reina, sí, es verdad.

GRAN CAPITÁN   Seis meses hace ya que no se peina.

TENDILLA   ¿Qué decís?

GRAN CAPITÁN   Lo que oís.

ALARCÓN   ¿Pero eso es cierto?

GRAN CAPITÁN   ¡Más cierto que mi abuelo está ya muerto!

TENDILLA   Sin reírme, tal cosa nunca oiría...

GRAN CAPITÁN   Pues si eso del peinado os causa risa
más aún os causaría
saber que no se cambia de camisa
desde que aquí llegó la infantería.

ALARCÓN   ¡Dos años, Capitán, hace ya de esto!

GRAN CAPITÁN   ¡Dos años, sí! ¡Y que uno era bisiesto!

(*Ante esa aclaración inusitada*
lanzan los nobles una carcajada.)

TENDILLA   Explicad, don Gonzalo, a qué obedece
esa profunda falta de limpieza
que en convulsión de risa me estremece.

ALARCÓN   Explicad la suciez de la realeza.

GRAN CAPITÁN   Así ocurrió la cosa: el día trece
del luminoso abril
del pasado año mil
cuatrocientos noventa,
decidió el rey Fernando la cruenta
acción guerrera que concluye hoy día
y hacia aquí nos lanzamos a porfía,
batallando sin tino,
para rendir al pueblo granadino.
Pero no hay que olvidar
que Granada era dura de pelar
y si yo no me bato, a nuestras tropas
se las comen los árabes por sopas.
Al ver tal, Isabel dijo una misa

> para que el cerco moro fuese roto
> y hasta que así ocurriera ella hizo el voto
> de no mudarse nunca de camisa.

TENDILLA   Con lo que estáis contando
> ahora comprendo yo bien fácilmente
> el porqué el rey Fernando
> ha perdido el olfato últimamente.

ALARCÓN   Pues ese proceder es muy nefando...

TENDILLA   ¡Y la reina Isabel, algo indecente!

GRAN CAPITÁN   Eso dice la gente de mi mando.

CÓRDOBA   ¡Atención! Por detrás de aquella loma
> el cortejo del árabe ya asoma.

GRAN CAPITÁN   ¡Rediez, pues es verdad!

TENDILLA   ¡Vaya un cortejo!

ALARCÓN   Pero, bueno, señores, no me explico...
> ¿Quién es aquel gachó, que en un borrico
> va delante, encorvado como un viejo?

GRAN CAPITÁN   ¿Quién va a ser, don Martín? ¡Boabdil «el
> [Chico»!

ALARCÓN   ¡Pues eso más que chico es un pellejo
> de esos que encierran Valdepeñas rico!

GRAN CAPITÁN   Ahuequemos el ala cual las aves,
que va Boabdil «el Chico» a dar las llaves.

(Silbando el Ku-klux-klan, se van los nobles
hacia la tienda de Fernando, sita
en la misma poética entradita
de un bosque de castaños y de robles.
Los reyes allí están,
esperando a que llegue el musulmán.
Por la florida Vega
BOABDIL *avanza sin cesar. Ya llega*
fuera del amplio campo sarraceno,
cuando, de pronto, la cabeza inclina
y de zozobras y de angustias lleno,
rompe en una llantina
de las de «¡agárrate, Nepomuceno!».)

BOABDIL   *(Muy lloroso, según se dijo ya al lector cu-*
rioso.)
¡Voy Granada a perder tras lucha vana!..
¿Qué va a decir mi madre, la sultana?

BEN ALÍ   Cesad ya en vuestro duelo,
que berreáis lo mismo que una almea
y hacer así el canelo
es una cosa por extremo fea.

BOABDIL   ¡Tienes razón, Alí!...

BEN ALÍ   ¡Pues claro está que sí!
(El cortejo del moro se detiene
delante del cortejo castellano,

> *al frente del cual viene*
> FERNANDO, *el rey, fumándose un habano.*
> *Ante* BOABDIL, *que gime y que solloza,*
> *se coloca al instante muy juncal*
> *el noble y virtuoso cardenal*
> *don Perico González de* MENDOZA.*)*

MENDOZA   Dios te guarde, Boabdil

BOABDIL   Don Pedro, gracias mil,

> (*Y, cuando este saludo está acabando,*
> *avanza el rey* FERNANDO.*)*

FERNANDO   ¿Qué tal te va?

BOABDIL   Se vive. ¿Y tú?

FERNANDO   También.

BOABDIL   Lo celebro.

FERNANDO   Y yo igual.

BOABDIL   Tu voz me anima.

FERNANDO   ¿Traes las llaves?

BOABDIL   ¡Pues claro!

FERNANDO   No se ven.

BOABDIL   Aquí están.

FERNANDO   ¿No son falsas?

BOABDIL   No.

FERNANDO   Se estima.
Bueno, pues, ¡a otra cosa!...

BOABDIL   Claro está.

FERNANDO   Voy a ocupar Granada.

BOABDIL   Ocúpala.
¿Yo qué le voy a hacer, si me has vencido?

FERNANDO   Recibe, pues, mi pésame sentido.

(Clava su vista en la ciudad del Darro,
le quita la ceniza a su cigarro,
hinca en el fiero bruto las espuelas
y hacia Granada le encamina el bruto
mientras BOABDIL *redacta las esquelas*
con las que va a avisar que está de luto
a Aixa, su madre, y a sus dos abuelas.)

La bronca de Montiel

Cae la noche lentamente
sobre el campo de Montiel,
y ya nada se oye en él,
ni se ve un bicho viviente.
Apenas unas hogueras,
por las tropas encendidas,
se adivinan esparcidas
entre las tiendas guerreras.
Todo lo invade el reposo,
que no turba ni un sonido,
y apenas se oye el ronquido
de un soldado valeroso,
que expresa con ese ruido
su descansar fatigoso
tras de un combate reñido
en el que ha hecho bien el oso.
Estamos, ¿hay quien lo extraña?,
cual por arte de Satán,
en la tienda de campaña
del arrojado Bertrán
DUGUESCLÍN, aquel francés
a quién nadie venció en duelo,
porque del primer revés,
con las manos o los pies,
tiraba un castillo al suelo.
Al levantarse él telón
hay una pausa imponente,

y luego, rápidamente,
comienza, lector, la acción.
Alzando los cortinajes
que el peso a la tienda quitan,
entran cuatro personajes
que a continuación se citan.
El rey DON PEDRO, *llamado*
por lo animal, el Cruel,
y, acompañándolo a él,
en su entrar desconfiado
vienen FERNANDO DE CASTRO,
Men RODRÍGUEZ *de Sanabria*
y un tal GONZÁLEZ DE OVIEDO,
hombre sin tacha ni miedo,
que, a pesar de ser de Oviedo
nació un invierno en Calabria.

DON PEDRO   ¡Por el Cristo de Limpias! Nadie hay.

RODRÍGUEZ   Me extraña que la tienda esté tan sola...

F. DE CASTRO   A ver si el Duguesclín metió una bola
al deciros aquello...

DON PEDRO   ¡Qué caray!
Sentémonos aquí y esperaremos,
no nos vaya a tomar por unos memos.

(*Todos se sientan.*)

F. DE CASTRO   Pensad, señor, que el socio ese es muy pi-
llo...

DON PEDRO El francés no es capaz de tal afrenta.
¡Vaya, no comentéis! Ahí va un pitillo...

(*Saca tabaco y reparte.*)

F. DE CASTRO Gracias.

RODRÍGUEZ Se estima.

GLEZ. DE OVIEDO *Merci.*

DON PEDRO Es de cincuenta.

RODRÍGUEZ ¡De hebra!

GLEZ. DE OVIEDO ¡Y, al parecer, es hebra fina!

F. DE CASTRO Pero tendrá abundante nicotina...

DON PEDRO El Bertrán Duguesclín, ese hombre llano
que se encuentra al servicio de mi hermano,
me ha ofrecido escaparme de este cerco
en que me apresa don Enrique, terco;
claro es que a cambio de no dar la cara
y de que se le atice pastizara[4].
Con él he convenido hace unas horas
el venir a esta tienda, que es la suya,
a fin de darme yeguas corredoras
para que en ellas hacia Francia huya.
De esta forma me libro de mi hermano

---

[4] Un vocablo francés muy retrechero que expresaba la idea del dinero.

y de sus belicosos armatostes,
porque el tal don Enrique es un marrano
que me está dando el té con picatostes.

F. DE CASTRO   Pero ¿y si os hace Duguesclín traición?

DON PEDRO   *(Furioso.)* ¡De una patá le parto el esternón!
¡Silencio!... ¡Viene! De impaciencia estallo...

RODRÍGUEZ   Sí, sí... Se oyen pisadas de caballo...

*(Hay una pausa llena de emoción
en que se oye volar un moscardón.
Al cabo de ella, asoma por la puerta,
a la existente claridad incierta,
un caballero armado hasta los dientes,
que no es el que los nobles impacientes
aguardan... Es, lector, ¿quién lo pensara?,
DON ENRIQUE, el llamado Trastamara.
Los cortinajes a su paso suelta
y avanza con la bilis muy revuelta.)*

DON ENRIQUE   ¿Dónde está ese bastardo con mancilla
que se dice monarca de Castilla?

DON PEDRO   *(Rabioso.)*
¡El bastardo sois vos, cacho de intonso,
que hijo soy yo del digno rey Alfonso!

*(A Bertrán DUGUESCLÍN, el traidor,
que entra riendo a más y mejor.)*
¡En cuanto a vos, franchute del demonio,
permita Dios que, uncido en matrimonio,

sepáis, ¡sí!, ¡que la que es vuestro embeleso
os la está dando, sin cesar, con queso!

DUGUESCLÍN   No se verá vuestro deseo logrado.
porque yo no me caso ni amarrado.

DON PEDRO   (A DON ENRIQUE.)
¡Sinvergüenza! ¡Ladrón! ¡Vais a morir!

DON ENRIQUE   Me hacéis, Perico, sin querer, reír...

(Y lo mismo que aquel que no hace nada
lanza al aire una fuerte carcajada.)

DON PEDRO   ¡Guárdeos el Papa, entonces, él que puede!

DON ENRIQUE   ¡A vos no os guarda ni la Santa Sede!

(Se acometen los dos, fieros, violentos,
diciendo frases de odio y juramentos.)

F. DE CASTRO   ¡Pues nosotros, señores, nos fugamos!

(Salen los tres corriendo como gamos.)

DON PEDRO   ¡Infame!

DON ENRIQUE   ¡Miserable!

DON PEDRO   ¡Bandolero!

DON ENRIQUE   ¡Malandrín!

DON PEDRO   ¡Cucaracha!

DON ENRIQUE   ¡Pistolero!

                (*Se pegan bofetadas a destajo,*
                y DON ENRIQUE, *el pobre, cae debajo.*)

DUGUESCLÍN   ¡Caramba! Este don Pedro es una fiera....
                ¡Le va a dar a mi amo una trapera!
                ¡Ah! Pues yo, como aquel que se hace el loco,
                el lugar de la lucha cambio y troco.
                Todo a mi voluntad cede y se acata.

                (*Se agacha, y mientras con la voz lo anima,*
                le coge a DON ENRIQUE *de una pata,*
                le da una vuelta y lo coloca encima.)
                Mi indomable valor
                no atiende a fuero ni a ley,
                (*A* DON PEDRO.)
                Ni quito ni pongo rey,
                pero ayudo a mi señor.

DON ENRIQUE   ¡Gracias, Bertrán!... Esto se acaba.

                (*Saca un puñal y a* PEDRO *se lo clava.*)

DON PEDRO   ¡Ay, mi madre!

DUGUESCLÍN   Murió...

DON ENRIQUE   Perdió la vida...

Duguesclín   ¡Matáis mejor que un fuelle insecticida!

(*Lo felicita calurosamente y cae el telón.*)

Emplazamiento de Fernando IV

Vista parcial de la sierra
que rodea a la ciudad
de Martos, y que la encierra
con su pétrea majestad.
El lugar determinado
para la acción de este drama
es aquel denominado
«Peña de Martos». Se llama
de esta forma singular,
porque en el dicho lugar,
del que aún se conserva indicio,
existía un precipicio
profundo como la mar,
terrible como un suplicio,
tan negro como una star,
más horrendo que un cilicio,
algo más feo que Picio
y más dañino que un bar,
donde ocurrió el estropicio
que aquí se va a relatar.
Por si el lector no conoce
la fecha del hecho aquel,
la diré con sumo goce:
fue el siete de agosto del
año mil trescientos doce;
año en el que yo he sabido
que, pese a su gran prosapia,
no había aún, lector, nacido

el muy rejuvenecido
e ingenioso Luis de Tapia.
Rápida como un alud
entra en escena en seguida
una enorme multitud,
que es la gente distinguida
que bulle y que habla en la corte
(la antigua corte española),
y que es, no hay quien la soporte,
más cursi que una pianola.
FERNANDO IV, *el llamado*
en la Historia el Emplazado,
llega el primero, y tras él
avanza DON JUAN MANUEL,
el infante literato;
vestido con macferlán
le sigue su primo Juan,
que como feo es un rato.
Más atrás, varios soldados
llegan serios y marciales,
y entre ellos, presos y atados,
los hermanos CARVAJALES.
Uno es joven y otro es viejo.
Entra el resto del cortejo
al sonar de los timbales.

FERNANDO IV   *(Con gesto grave y expresión altiva*
                        detiene a la lucida comitiva.)
                        ¡Alto! Ya hemos llegado
                        al sitio designado...
                        Que callen los timbales un momento,
                        o que se vayan a tomar el viento.
                        (Se callan los timbales al instante,

y hay una breve pausa impresionante.)
Tocáis con gran torpeza,
y el instrumento gruñe y desafina.

D. JUAN MANUEL   *(Con cara avinagrada,*
                      y lanzando en redor una mirada.)
                      De oír esa endiablada sonatina
                      a mí me está doliendo la cabeza...

UN SOLDADO   Y lo peor de todo es, ¡oh alteza!,
              que en el pueblo no venden aspirina.

              (DON JUAN MANUEL, que oye esto,
              levanta la cerviz y tuerce el gesto.)

D. JUAN M.   ¡Caray! Pues vete a ver
              si encuentras, por lo pronto, un sello «Yer».
              Toma un real de vellón
              y ejecuta veloz la comisión.

UN SOLDADO   Con prisa sin igual
              traeré el sello de a real.

D. JUAN M.   ¡Pues anda, so animal,
              que ya estoy más rabioso que un chacal!

              (El SOLDADO abandona su peñasco,
              echa a correr a escape y pierde el casco.)

FERNANDO IV   ¿Falta alguien?

D. JUAN M.   Nadie.

FERNANDO IV   Empecemos, pues,
cuidando de no dar ningún traspiés.
(*Se vuelve a los hermanos* CARVAJALES
para decirles estos madrigales:)
Hermanos Carvajales: Yo os acuso
de haber asesinado
a don Juan Benavides, gran soldado,
que, aunque era un poco iluso,
era también vasallo muy amado...
¡Y a mí no se me mata
ni una mísera rata
que en mis mesnadas bélicas milite,
sin que yo esté, capote al brazo, al quite!
De modo que, sin gritos,
sin que se oiga una mínima protesta,
vamos, señores, a romper la testa
a estos dos hermanitos.
(*Vuelve hacia atrás* FERNANDO *su semblante
y da esta orden con su voz tonante:*)
¡A ver! ¡Que se aproxime ese verdugo
que ha venido ex profeso desde Lugo!

EL VERDUGO   (*Avanzando dos pasos al oírle.*)
¡Aquí me tiene el rey para servirle!

FERNANDO IV   ¿Qué dices? ¿Eres memo? ¡Vive Dios!
¿Para servirme? ¡Un cuerno!
¡Vete al diablo, verdugo del infierno!...

EL VERDUGO   Perdonad, majestad, que también vos,
que me tratáis de memo,
habéis metido el remo:

a Lugo hacéis mi población natal,
y yo nací en Peralta de la Sal.

FERNANDO IV   ¡Que calles ahora mismo!
¡Cumple con tus oficios infernales
y lanza a los hermanos Carvajales
al fondo de ese abismo!

(EL VERDUGO, *tras una reverencia,
se dispone a cumplir la cruel sentencia.*)

PEDRO CARVAJAL   ¡Soy inocente!

JUAN CARVAJAL ¡Y yo!

FERNANDO IV   ¡Callad, cobardes!
¡Tíralos ya, verdugo; no te tardes!

PEDRO C.   Condenados por ti, rey igorrote,
morimos inocentes; mas no importa:
a la larga o la corta
la muerte te ha de herir en el cogote.

FERNANDO IV   ¿De qué habláis, sinvergüenzas?

JUAN C.   Pues hablamos
de que pronto no harás más tonterías.
Perico y yo, Fernando, te emplazamos
a morir cuando pasen treinta días...

FERNANDO IV   (*Furioso.*)
¿Al rey Fernando le ponéis cara hosca?
¡¡Arrójalos, verdugo!!

EL VERDUGO   ¡Ahí va esa mosca!

(*Un empujón les da a los condenados,*
que caen por el abismo despeñados.)

D. JUAN M.   ¡La justicia del rey Fernando es esta!

FERNANDO IV   ¡Que suenen nuevamente los timbales!

UN SOLDADO   Pues, señor, a esos pobres Carvajales
los tendrán que enterrar en una cesta.

(*Vuelven los timbaleros a tocar*
los dulces sones que se lleva el viento,
y comienza el cortejo a desfilar
comentando el terrible emplazamiento,
que ha extrañado la mar.
El rey FERNANDO *está algo nerviosillo*
ante la inesperada acusación,
y, a fin de ocultar algo su emoción,
se dispone a fumar un cigarrillo.
Treinta días después de lo narrado,
sin que se puedan explicar el hecho,
amanece el monarca sobre el lecho
más muerto que un conejo disecado.)

Nota

A ver si me dice ahora
la simpática lectora,
si en toda la haz de la tierra
ha ocurrido un estropicio

mayor que el del precipicio
que hay de Martos en la Sierra.

La hazaña de Guzmán el Bueno

Una amplia, torre almenada
cubierta de una alcatifa
que jamás se viera hollada
por planta que no esté honrada
en la ciudad de Tarifa.
En la izquierda tiene asiento
la ciudad, bella de traza,
y en la diestra, el campamento
del sarraceno violento
que pone sitio a la plaza.
Tal es, lector, el teatro
en que esta hazaña gentil
aconteció el año mil
doscientos noventa y cuatro.
En la amplia torre sentados
se hallan dieciocho soldados
más pesados que un responso
rodeando a DON ALFONSO
Pérez de Guzmán. Los hados
quisieron que este guerrero
que como fiero es más fiero
que los más fieros chacales,
fuera de los más cabales
que pueblan el mundo entero.
A Héctor en valor recuerda;
tiene la opinión muy cuerda,
tiene el genio de querube
y tiene el pobre una nube
en la esclerótica izquierda.

> *Al lado de él hay tres nobles:*
> DON FADRIQUE, DON HERNÁN
> y PERO NÚÑEZ, *que están*
> *provistos de unos mandobles,*
> *con los cuales parten pan.*

DON ALFONSO   *(Que empieza a molestarse*
al verlos comer pan sin fatigarse.)
¡O dejáis de comer trozos de hogaza,
u os pegaré un zurrido con la maza!

DON FADRIQUE   Fuerza es obedecer
y obedecer, señor, en línea recta...

DON HERNÁN   En lo que a mí respecta
ya dejo de comer.

PERO NÚÑEZ   Pues yo igual he de hacer,
porque sé comprender una indirecta.

(Los tres dejan el pan
y contemplan la porra de Guzmán.)

DON ALFONSO   *(Que adopta un grave gesto,*
va a decir algo, y lo que dice es esto:)
Henos ya de Tarifa en el torreón
al servicio del rey don Sancho cuarto,
y del cual, la verdad, voy estando harto,
porque eso más que rey es un peón;
y el hermano de Sancho, que es un vaina,
sitio ha puesto a la plaza, y la morisma
que le sigue nos va a romper la crisma
si no les sacudimos la polaina.

PERO NÚÑEZ   ¡Por sabido se calla tal desmán!

DON FADRIQUE Si el infante don Juan
              puso el sitio tomándonos por memos
              nosotros lucharemos con afán
              y dejarle en el sitio lograremos.

DON HERNÁN   ¡Bien hablado!

PERO NÚÑEZ   ¡La fija!

DON ALFONSO   Ese es el truco,
              mas don Juan es un cuco...

DON FADRIQUE ¡Poco a poco!
              Conformes en que el socio sea un cuco,
              pero para él, Guzmán, vos sois el coco.

DON ALFONSO   Yo de mí sé deciros que no dudo
              y si se pone tonto, le sacudo.
              Porque en Toro he luchado contra el moro
              bajo el mando del rey
              y el que ha luchado en Toro
              cuando le da la gana lucha en buey.

DON FADRIQUE ¡Poco a poco!
              ¡La espada, don Alfonso, es vuestra ley!

PERO NÚÑEZ   ¡Y ya que hemos hablado con decoro,
              os invito a un partido de giley.

              (*De la acerada faja,
              se saca* PERO NÚÑEZ *la baraja*

y todos sin tardar bajan las testas
y se cruzan apuestas.)

DON FADRIQUE ¡Cartas!

DON ALFONSO Malas son... Cambiaré alguna.

PERO NÚÑEZ ¡Descarte!

DON ALFONSO Vengan cartas... Treinta y una.

DON HERNÁN Veintiocho tengo.

PERO NÚÑEZ ¡Por la luz del sol!
Os gano...

DON ALFONSO ¡Diez tenéis! ¡¡Vaya un farol!!
Mas, ¿qué rumor es ese?

DON HERNÁN No lo sé.

PERO NÚÑEZ De que entre el enemigo
ocurre algo anormal, de eso doy fe.

DON ALFONSO Para saberlo bien, venid conmigo
de la muralla al pie.

(Se acercan a la muralla
y en el campo musulmán
una gritería estalla
como estalla el huracán.
Se ve en el centro a DON JUAN,
el infante mamarracho,

que tiene al lado a un muchacho
hijo de Alfonso Guzmán.)

DON FADRIQUE ¡Ha robado a vuestro hijo! ¡Oh, infelice!

DON ALFONSO ¡Dejad ya de graznar! A ver qué dice.

EL INFANTE D. JUAN   ¡Alfonso, aquí está su hijo!

DON ALFONSO Infante: ya lo veo.

D. JUAN   Se cría muy canijo.
                 y el pobre es algo feo,
                 mas no me importa mucho
                 el que parezca un chucho,
                 porque tú, según creo,
                 lo amas con igual gozo
                 que si fuera un real mozo
                 digno de ir a un museo.
                 Es tu hijo y eso basta,
                 pero te he de observar
                 que para conservar
                 en este hijo tu casta
                 me tienes que entregar
                 Tarifa.

DON ALFONSO ¡Antofagasta!

D. JUAN   Estás de mal talante:
                 no hago caso de insultos.
                 Y te afirmo delante
                 de estos moros adultos
                 que, o me rindes Tarifa

con sin igual presteza,
o corto la cabeza
y la adjudico en rifa
a este cara de primo.

DON ALFONSO ¡Don Juan! ¡¡Eso es un timo!!

D. JUAN Espero la respuesta.

DON ALFONSO Pues mi respuesta es esta:
yo no me desanimo;
¡sacúdele en la cresta!

(*Adopta un aire fatal
y con un gesto elegante
arroja un largo puñal
a las plantas del Infante.*)

DON FADRIQUE ¡Qué hombre!

DON HERNÁN ¡Qué valor!

PERO NÚÑEZ Al hijo entrega
por no entregar la plaza de su mando.

DON FADRIQUE Vuestro heroísmo bélico nos ciega.

DON HERNÁN ¡Don Juan está al pequeño asesinando!
¿No lloráis, don Alfonso?

DON ALFONSO ¿Quién lo dijo?
Que soy un bravo pensaréis agora...
¡Señores, ese nene no es mi hijo

porque es hijo del conde de Clavijo
que tuvo un resbalón con mi señora!

La derrota de Atahualpa

Por lo que la vista abarca,
se ve un valle, al que rodea
la sierra y do está la aldea
llamada de Cajamarca.
Y juro por mi salú
que la fecha del hecho es
mil quinientos treinta y tres
y que ocurre en el Perú,
tierra perdida y extraña
de la que gente muy lista
llevó a cabo la conquista
en nombre del rey de España.
Sufriendo penas muy grandes
e innumerables molestias
han salvado ya los Andes
doscientos hombres y bestias.
Las bestias, leales vasallos
de audaces conquistadores,
eran diversos caballos,
los más fuertes y mejores.
Y los hombres que formaban
la expedición que allí había
eran Pizarro, Candía
y Soto, que comandaban
con pericia singular
a unos soldados valientes,
de esos que echaban los dientes
batallando sin cesar.
En busca de nuevas fincas
los de España se han metido,
procurando no hacer ruido,
en el pueblo de los incas;

> *y el jefe de estos, que era*
> ATAHUALPA, *ha planeado*
> *el caer como una fiera*
> *sobre aquel grupo esforzado*
> *y hacerles polvo en seguida*
> *con sus feroces guerreros*
> *para que nadie en la vida*
> *imite a los extranjeros.*

PIZARRO ¡A ver, soldados! ¡Atención! Yo veo
aparecer en lo alto de aquel risco
quince mil incas...

CANDÍA Sí...

SOTO Se pone feo
este asunto, ¡pardiez!

FRAY VICENTE ¡Nos hacen cisco!

PIZARRO ¿Qué es eso, fray Vicente? ¡Sed valiente!
Que no diga la gente
que un día fue cobarde fray Vicente.
¡A que seáis valeroso yo os obligo!

FRAY VICENTE Si yo lo soy, mi amigo...

PIZARRO Pues os veo temblar, cual arbolitos
que se alzan en la selva milenaria...

FRAY VICENTE ¡Lo que me hace temblar es la malaria,
la fiebre que nos tiene a todos fritos!

(PIZARRO *sube encima de un arzón*
y dice la siguiente alocución.)

PIZARRO   Oíd, soldados míos:
            ciento setenta tíos
            formamos el ejército invasor
            que viene a combatir con todo ardor
            y a apoderarse pronto del Perú.
            Si alguno de vosotros hace el bu,
            y al ver al enemigo escapa al trote,
            nos dan un palizón estos salvajes
            que no van a quedar ni nuestros trajes.
            ¡Y a mí no hay, vive Dios, quien me derrote!

TODOS   ¡Ni a nosotros, tampoco!
            Nuestra savia viril aún no está seca...

PIZARRO   Gritad algo más bajo, que estoy loco,
            pues tengo una fortísima jaqueca...

SOTO   Pegando gruesas voces
            ya se acercan los incas muy veloces.

PIZARRO   Su jefe, al acercarse, salta y brinca
            y me parece mal que salte y brinque.
            Procurad todos apresar al inca,
            para lograr más tarde que la hinque.

CANDÍA   ¡La hincará!

SOTO   ¡La hincará!

FRAY VICENTE   Pero antes de eso,
como el inca también es un hermano,
yo he de darle razones de gran peso
que le conviertan al sentir cristiano.

PIZARRO   Si leéis de la Biblia algún versículo,
me sospecho que haréis solo el ridículo.

(*Hay una pausa entonces; durante ella*
entran en Cajamarca los peruanos
con ganas de bronquitis y querella.
En su silla de manos
aparece ATAHUALPA, *sumo jefe*
que aquí, para nosotros, es un peje,
a quien no existe nadie que lo venza,
de lo más traicionero y sinvergüenza.
Al verlo, incontinente,
se acerca al sumo jefe, FRAY VICENTE,
dispuesto a recitarle el catecismo
y convertirlo al punto al cristianismo.)

FRAY VICENTE   ¡Oh ilustre hermano mío!
¡Oh, jefe de esta tribu aquí instalada!
Tu inmenso poderío
te llena de soberbia y de desvío;
y, a pesar de tu fuerza inigualada,
¡ante el Dios de los míos no eres nada!
Mira tú y hazle ver a tu familia
este grandioso libro que es la Biblia.
De mis frases, ¡oh, jefe!, ven en pos,
que yo te muestro al verdadero Dios.

ATAHUALPA   (*Muy serio.*)
             ¡Samucha ven je fin descopatí,
             trastacala majusva trosteguí!

SOTO   ¡Por el Cielo! ¿Qué ha dicho?

CANDÍA   ¡Anda su padre!

PIZARRO   Dejadle a ver qué agrega cuando ladre.

ATAHUALPA   ¡Coparca tros tolo to guefi jay!

SOTO   ¡Sí que agrega bastante, recaray!

FRAY VICENTE ¡Ante el Dios de la cruz tu frente humilla!
             ¡Clava en el duro suelo tu rodilla!

ATAHUALPA   ¡Queipos marra!

CANDÍA   ¿Qué dice?
             No lo sé.

ATAHUALPA   ¡Trepaquipa moliano chuñoté!

             (*Y al pronunciar el jefe frases tales,*
             veinte mil indios, que la plaza llenan,
             lanzan aullidos propios de chacales
             y todo lo alborotan y lo atruenan.
             Con intenciones malas
             atacan a las tropas españolas
             y se arma una ensalada de escarolas
             como para un menú del hotel «Palace».)

PIZARRO   ¡O apresamos al jefe, compañeros,
o nos hacen puré estos bandoleros!

SOTO   ¡Te obedezco, Pizarro,
porque no es cosa de jugar al marro!

(Comienzan a luchar como leones
con esfuerzo más grande y prolongado
que si fueran a hacer oposiciones
al cuerpo de Abogados del Estado.
Y, por fin, FRAY VICENTE,
a quien de un mamporrazo han roto un diente,
con un gesto elegante,
a ATAHUALPA consigue echar el guante.
Y con este remate
termina el ferocísimo combate.)
Varios meses más tarde
ATAHUALPA, que hacía odioso alarde
de preparar la ruina a los de España,
entregaba su glotis a la saña
del verdugo más hábil y más bruto,
que era llamado Fierabrás de mote
y el cual le dio garrote
junto con unos gramos de bismuto.
Pongámonos de luto.

Entrada de Carlos I en Yuste

Nos hallamos en un hermoso lugar del serrucho de Jaranda. Corre el Tiétar entre los riscos como una moto por la cuesta de las Perdices (¡maravilloso símil!) y las aguas besan la tierra con una dulzura qué empalaga un poco. Son las tres de la tarde; el horizonte, de un gris meningitis, se extiende ante la vista del viajero cual una gran colcha rameada. A la izquierda de la sierra y con gran prodigalidad, crecen la sabrosa uva y la suave manzana; a la derecha, la dulce ciruela; abajo, la oliva y arriba, el limón. Todo es flor o fruto; el paisaje entero parece un lienzo ejecutado por un gran maestro de la pincelada policroma. (Hay días en que se levanta uno fecundo en imágenes). De pronto, allá al fondo, surgen las siluetas de varios hombres que caminan lentamente: es un cortejo, un cortejo presidido por una litera. Los caballeros van al lado de este chisme incómodo; unos llevan trajes de corte, y otros, cortes de trajes que son indiscutibles birrias. ¿Quién, por mucha inteligencia que tuviere, será capaz de adivinar que en ese carruaje que parece un baúl viejo se halla sentado y pensativo el gran CARLOS I? Nadie. Por eso yo me apresuro a decirlo. Sí, lector; sí, lectora: allí, hecho un

verdadero paquete, está el vencedor en Pavía
y en Túnez, el que sacudió candela a los turcos y a Paco I «el Elegante», el César, el Ca-
rolus Primo, el del lío con Bárbara Blomberg,
el padre de Juanete de Austria y de Felipillo
«el Monacal»... ¡Casi nadie!... Un hombre
que llenó centenares de páginas de la Historia
y vació miles de frascos de cerveza. Fúnebre,
triste, acongojado, hecho un ciprés, Carlos se
dirige a su último refugio, al monasterio de
Yuste. Lo rodean sus familiares: Luis Quijada, hombre de genio muy fuerte, fácilmente
atufable; el conde de Oropesa, que cabalga
en un jaco huérfano de padre, y el sumiller
de corps La Chaux, un caballero más fino que
una aguja del catorce. Síguelos una tropa de
alabarderos. Pronto cruzan la sierra. Los que
cabalgan lo hacen fácilmente y cerrando la
marcha, la tropa trepa que trepa. Diez minutos más de camino y se hallan a nuestro lado;
oigámoslos. Hay una pausa que dura tres horas y media.

CARLOS I   (Con muy mal humor, sacando la cabeza por
                la ventanilla.)   ¡Hola!

LUIS QUIJADA   (Acercándose.)¿Señor?...

CARLOS I   ¿Cuándo diablos llegamos a ese monasterio?

LUIS QUIJADA   Falta una legua, señor.

Carlos I   Hora es de llegar. Tengo el cuerpo destro-
                    zado del traqueteo innoble y un tanto cal-
                    vinista de esta litera.

Luis Quijada   ¿Acaso no es cómoda?

Carlos I   O eres tonto, o no entiendes de muebles.
                    ¿Cómo quieres que sea cómoda, sí es lite-
                    ra?... Decididamente, en un concurso de
                    idiotas te llevabas seis premios y dos accé-
                    sits, Quijada.

Luis Quijada   (Conteniendo su genio.) Señor...

Carlos I   (Como hablando para su inferior y ligeramen-
                    te chulón.) Anda, que si llego a saber antes
                    lo que era este viajecito, aún me estarían es-
                    perando los reverendos!... ¡Mes y pico dan-
                    zando por España!... Estoy más molido que
                    la canela de Ceilán. (Saca la cabeza por la
                    otra ventanilla.) ¡Oye, Oropesilla!

El Conde de Oropesa (Acerca su cabalgadura a la litera.)
                    Señor...

Carlos I   Hombre, diles a esos zulúes que llevan la
                    litera que tengan cuidado al ver dónde pi-
                    san. Dan unos tumbos que me he mordi-
                    do seis veces la lengua.

                    (Oropesa se retira y habla con «Ojo de Per-
                    diz» y Juanito, portadores del carruaje im-
                    perial. Luego vuelve al lado del Emperador.)

OROPESA Señor: «Ojo de Perdiz» y Juanito os piden que los perdonéis; los pobres andan tan mal porque «Ojo de Perdiz» tiene dos ojos de gallo y Juanito, tres juanetes.

CARLOS I Entonces, manda reponer el tiro. (*Una nueva pausa. La comitiva se detiene y los sitios de Juanito y «Ojo de Perdiz» son ocupados por dos alabarderos, hijos de la muy noble tierra de Lugo. Al reanudar la marcha, casi perfecta.*) ¡Qué diferencia! Ya se conoce que estos hombres tienen más fuerza que la magnesia efervescente, calcinada y granulada... (*Hay una nueva pausa. LUIS QUIJADA, muy fruncido el ceño, marcha orgulloso sobre su jaco. Algo tempestuoso y anarquizante bulle en su interior. El emperador comprende por qué QUIJADA está mosqueado, y lo llama.*) Quijadita, hijo, que parece que vas acompañando un duelo. Llevas una cara que en una catástrofe sería un éxito.

LUIS QUIJADA Es que se me ha agriado el jugo gástrico, señor.

CARLOS I Pero, hombre, lo de antes fue una chufla sin trascendencia. Vaya, acércate y charlemos. ¿Qué opinas de la despedida que me han hecho mis hermanas doña Leonor y doña María?

LUIS QUIJADA Las reinas de Hungría y de Francia os adoran.

CARLOS I   Pero convendrás conmigo en que ya están hechas dos birrias.

LUIS QUIJADA   Señor...

CARLOS I   Leonor ha sufrido mucho.

LUIS QUIJADA   Su esposo, el Rey Francisco I, tuvo la culpa de ello.

CARLOS I   ¡Qué demonio de Paquillo! Era un charrán. Con el aquel de la elegancia, se timaba con todas las damas que veía. De algunas admitió regalos...

LUIS QUIJADA   Es que era chuloncillo y demás.

CARLOS I   ¡Lo que me hizo sudar el muy... Petronio! Por supuesto, que Pescara le dio para el flequillo en Pavía... ¿Te acuerdas tú, Luisete?

LUIS QUIJADA   ¡Ya lo creo que me acuerdo! Como que yo le sacudí un gachapazo en la pelota craneana, que a poco no lo diseco.

CARLOS I   ¡Aquello estuvo bien!... ¡Lástima que yo no lo viera!... Pescara cargó bien con su infantería, ¿eh?

LUIS QUIJADA   Estuvo toda la batalla muy cargante.

CARLOS I   Y ya ves, la ha diñado igual que un gato, víctima de un catarro ancestral.

LUIS QUIJADA   Como que la vida es una charanga.

(*Después de esta frase, llena de toda la filo-sofía de Hegel, se hace el silencio.*)

LA VOZ DE UN ALABARDERO   (*Entonando «La serenata ga-lante».*) ¡Ay, Colombina, Colombina!...

CARLOS I   Quijada, haz que se calle ese grullo; me está llenando el cerebro de idioteces sinfónicas. Sospecho que el autor de esa tonadilla es más tonto que bailar sin música.

(QUIJADA *se retira a enmudecer al soldado.*)

OROPESA   (*Se inclina hacia la ventanilla.*) Señor... Es-tamos ante el monasterio.

CARLOS I   ¡Ah, sí! ¿Tú ya lo ves?

OROPESA   Sí, señor.

CARLOS I   Y ¿quién hay a la puerta?

OROPESA   Varios frailes...

CARLOS I   (*Da un suspiro de desaliento.*) ¡Lo que me voy a aburrir entre esos clérigos!...

(*Diez minutos después la comitiva, no sabien-do qué hacer, hace alto. La litera que encie-rra a* CARLOS I *se ha detenido a la puerta de la iglesia. Allí, serios, prosopopéyicos y un*

poco acharadillos, están el prior, FRAY MAR-
TÍN DE ANGULO, JUAN DE LA REGLA *y varios
frailes más. Al fondo, el médico* MATHYS, *el
boticario* OVERSTRAELEN, *el secretario del emperador,* MARTÍN GASTELU, *y varios distingui-
dos pelmazos, ascendientes de esos pollos ignotos con que solemos encontrarnos las no-
ches de estreno. Los alabarderos dejan en el
suelo la litera.* FRAY MARTÍN *y compañía se
acercan a ella.)*

FRAY MARTÍN DE ANGULO   Majestad..., bienvenido seáis a
esta santa morada.

JUAN DE LA REGLA Vednos postrados ante vuestra realeza.

(Todos los frailes hincan una rodilla en tierra.)

CARLOS I   Levanten vuestras paternidades y no hagan
el indianola. *(Los frailes obedecen.)*

FRAY MARTÍN   *(Dispuesto a soltar un discurso.)* Señor...
Hoy, 3 de febrero de 1557, es para nosotros
un día fasto. El dueño de Europa, el que
llevó a tanto oculto rincón la luz de la fe,
el que triunfó en mil batallas, el que reco-
rrió Europa de punta a punta, el que fue
grande entre los grandes, el que...

CARLOS I   ¡Acabe vuestra paternidad, que tengo ya
los nervios como escarpias!...

FRAY MARTÍN — (*Más volado que un gorrión, pierde el hilo y se hace un ovillo.*) ... el que... el que... ¡el que fue un hacha! ¡Porque vuestra majestad fue un hacha! Llega a nos y nos lo recibimos como vos debéis ser recibido por unos nos que nada esperan de vos; pero que os quieren a vos como vos no os podéis figurar que os queramos nos a vos...

CARLOS I — ¡Ay, Dios, qué plúmbeo!

JUAN — (*Aparte.*) Acabad, fray Martín, que se inicia el chungueo...

FRAY MARTÍN — (*Sudoroso.*) Sed bienvenido.

JUAN — Bienvenido sed.

CARLOS I — Sed.

FRAY MARTÍN — Sois, Majestad.

CARLOS I — Digo sed, ¡que tengo sed, vamos!

FRAY MARTÍN — Entrad y bebed, señor.

(*Sentado en una silla y llevado por* QUIJADA *y* OROPESA, *el emperador atraviesa los limoneros de la huerta y entra en el monasterio.*)

CARLOS I — (*Aparte.*) Me parece que he hecho las diez de últimas y veinte en copas.

(*Lentamente el cortejo entra también.*)

LAS CAMPANAS DEL MONASTERIO   ¡Talán, tolón!

OTRA CAMPANA   ¡Tilín, tilín!

LA CAMPANILLA DE UN SOLDADO   ¡Antonio!...

(*Los pájaros, en los limoneros, hacen: ¡pi-pi!,*
¡pi-pi!)

La batalla de Lepanto

Lepanto, a 7 de octubre de 1571. Nos hallamos en el cabo Scropha, que, como sabe muy bien todo el mundo, incluso García Prieto, se halla en el golfo de Corinto, el cual, a su vez, forma el golfillo de Lepanto. Son las once de la mañana del día 7 de octubre de 1571 y el cielo, este cielo de un helenismo que casi atonta, se nos ofrece azul y fantasmagórico. Extendamos la vista, y... ¿qué vemos? ¡Recuelo! A la derecha se divisan hasta ciento setenta y una galeras, y a la izquierda, doscientas cuarenta y cuatro... Los barcos de la droice —¡cómo se domina aquí el yugoeslavo!— están ocupados por cristianos y los de la zurda, por turcos, infieles, genízaros, morabitos y abdelkrimines, Y unos y otros esperan doblar el cabo para hacer algo muy serio. ¿Qué va a pasar? ¿Qué va a ser esto? Corramos a los buques infieles, a oír qué se dice por allá. En la galera «La Sultana», un armatoste hidráulico adornado por cinco farolas bereberes, platican cuatro hijos de la Media Luna: el barbudo PERTER PACHA, el barbado MAHOMET SCIROCCO, el barbilampiño ALUCH ALÍ y el barbilindo ALÍ PACHA, cuatro fieras que meten miedo, la última de las cuales es generalísimo de la escuadra. Atención.

ALÍ PACHA   (*Ligeramente «mosca».*) ¡Es inútil! Nuestro señor, Selim II, nos manda presentar batalla y
obedecemos o nos hacemos todos frailes be-
nedictinos...

ALUCH ALÍ   (*Se ladea el turbante de un modo harto chulo.*)
¡Eres un hiperbólico y además unas miajas esquizofrénico!

ALÍ PACHA   ¿Me llamas loco?

ALUCH ALÍ   Te llamo cursi. Claro que Selim II ha ordena-
do eso; pero tú no ignoras que ni Selim entiende dos gordas de asuntos guerreros, ni sabe
dónde tiene la mano derecha,

PERTER PACHÁ   Bueno; no sabe dónde tiene la mano derecha, porque se la cercenaron de un hachazo
en Corfú y no encontró el despojo...

ALUCH ALÍ   Bien; pero convendréis conmigo en que cere-
bralmente Selim II es un bocadillo de queso...

MAHOMET SCIROCCO   Por Alá, Aluch Alí, que tienes razón.

PERTER P.   (*Señala a* ALUCH ALÍ.) ¡Como que este sabe
muy bien dónde le aprieta la babucha!...

ALÍ PACHA   (*Rabioso.*) Es decir, ¿que no queréis presenta-
ros a combate contra el inmundo cristiano?

ALUCH ALÍ   Mira, Alí, no le pongas trágico, porque me recuerdas a Ortas. A nosotros nos da igual presentarnos a combate que presentarnos a unas
oposiciones del catastro. Lo que sucede es que
ese don Juan de Austria se trae en la flota ene-
miga seis galeazas, con veinte cañones cada
una, que del primer zurrido nos hacen soma-
tose y del segundo nos empaquetan.

PERTER P.   ¡Naturaquíbilis!

SCIROCCO   Has hablado que ni un versículo del Corán.

ALÍ PACHA   (*Se pone en jarras y escupe por un colmillo.*)
¡Ay, mi reverenda madre, qué risa!... Lo que
estoy viendo es que tenéis una cantidad de
miedo como para pagar exceso de equipaje...

ALUCH ALÍ   (*Ofendidísimo.*) Por el Profeta, que si saco la
cimitarra te corto... el hilo del discurso!

SCIROCCO   (*Mira a* ALÍ PACHA *con cara de hiena.*) Digo yo
que eso que has murmurado será una broma
carnavalesca. No olvides que a mi alfanje no
se le cae la hoja ni en otoño...

PERTER P.   (*Se acerca a* ALÍ PACHA *con ganas de camorra.*)
Oye, tú... Te advierto que yo en la India he
matado cocodrilos a tortazos.

ALÍ PACHA   (*Con bastante pánico.*) Os aseguro que no qui-
se decir...

ALUCH ALÍ   ¡Basta! ¡Combatiremos! Pero mira... (*Coge a* ALÍ PACHA *por un brazo y lo lleva al borde de la borda.*) ¿Ves ese bosque de mástiles y velas que forman nuestros barcos? ¿Ves, al fondo, la silueta airosa del cabo Scropha, que avanza hacia el mar? Pues cuando hoy se ponga el sol, de todas esas velas no quedará más que el cabo. Puedes ir ahorrando para una palmatoria.

(*Los cuatro guerreros se separan.* MAHOMET SCIROCCO *se va a su nave, a mandar el cuerno derecho de la flota;* ALUCH ALÍ, *seguido de* PERIER PACHÁ, *vase a gobernar el cuerno izquierdo. El único que no se va al cuerno es* ALÍ PACHA, *que manda «La Sultana» y el centro de la escuadra. Visitemos las naves cristianas. Nos hallamos ya a bordo de la galera «La Real», regida por* DON JUAN DE AUSTRIA, *el ilustre hilo de* CARLOS I, *el hijo del lío, como le llamaban en su tiempo. Guapo él y marchoso, se parece bastante a Goicoechea. Le rodean* CECCO PIZANO, *su piloto; su lugarteniente* DON LUIS DE REQUESÉNS, EL MARQUÉS DE SANTA CRUZ *y* AGUSTINO BARBARIGO.)

CECCO PIZANO   Señor, acabo de descubrir desde lo alto de un mástil que la flota turca no se compone de cien galeras, como suponíamos, sino de doscientas.

DON JUAN DE AUSTRIA   ¡Rechufa!... ¿Qué dices?

CECCO   Nada más que la verdad, señor.

Don Juan   Es una noticia que afeita. Pero oye, Cecco, ¿es, cierta tal cosa o es que el terror panicoso te hace ver visiones náuticas?

Cecco   Señor, en la universidad, y luego en palacio, siempre alabaron mi buena vista.

Don Juan   ¿Has dicho universidad, palacio y buena vista? Súbete a la latina y mira hacia el centro.

(Cecco se sube en la vela latina y mira hacia el centro de la flota turca; baja desesperado, porque ha descubierto cuarenta y cuatro galeras más. Se lo comunica a Don Juan de Austria, que casi se accidenta.)

Don Luis de Requeséns   Reunámonos en consejo.

El Marqués de Santa Cruz   Sí, sí; es lo mejor.

Agostino Barbarigo   Bien pensado.

Don Juan   No; ya no es hora de emitir memeces esdrújulas, sino de soltarnos el pelo arreando cates y hasta de diñarla por la corbi. *(Y rápidamente Don Juan comienza a tomar medidas, como un sastre de portal. Visita las galeras del centro y cuerno derecho, que manda Juan Andrea Doria, a quien la posteridad ha denominado «el Grullo»; da armas y libertad a los galeotes, se traslada a «La Real» y ordena disparar el cañonazo de desafío. Se santigua fervorosamente.)* Por la señal de la Santa Cruz... Señor; si gano esta batalla, prometo regalarles botas a todos los frailes descalzos de España.

(*En «La Sultana» suena otro cañonazo y desde aquel momento el cisco que se arma es de orujo.*)

FRAY MIGUEL SERVIA   (*Desde el estanterol.*) Yo os bendigo, queridísimos hijos míos... No os preocupe el morir. El que muera será feliz, porque no tendrá que volver a pagar el impuesto de inquilinato.

(*El cuerno derecho turco arremete contra el izquierdo cristiano y el izquierdo contra el derecho con una ferocidad sin límites. Nubes de flechas invaden el aire; huele a pólvora, a sangre y a hipofosfitos. «La Sultana» se derrumba sobre «La Real» y su proa se introduce en la de esta como una carta por un buzón. Rugidos, gritos y ayes lastimeros.*)

DON JUAN   ¡Anda la órdiga! ¡Se nos meten en casa! (*Los turcos caen entre los cristianos, que retroceden.*) ¡Animo, chicos! ¡Atizadles candela!

(*Una hora después, DON JUAN y los suyos se han rehecho, menos los que yacen fiambres, que ya no se reponen ni con emulsión «Scott».*)

MIGUEL DE CERVANTES SAAVEDRA   (*Que acaba de perder un brazo y lo lleva sujeto en el cinturón para no extraviarlo.*) Esto es combatir y lo demás, mojama de Alicante.

(Las galeras de JUAN ANTONIO COLONNA *y de*
EL MARQUÉS DE SANTA CRUZ *le zumban a* ALÍ PA-
CHA *por la espalda y abordan «La Sultana». Se
oyen gritos feroces: «¡Ah! ¡Oh! ¡Trac! ¡Bum!
¡Viva Felipe II! ¡Por fin dimitió Millán de Prie-
go! » Y* ALÍ PACHA *la diña de un arcabuzazo. En
el cuerno izquierdo la ha hincado también* MA-
HOMET SCIROCCO; *solo en la derecha triunfa* ALUCH
ALÍ *sobre* JUAN ANDREA DORIA. *El espectáculo
toma cada vez proporciones más colosales.)*

DON JUAN   ¡Rumbo a Aluch Alí!

UN MARINO SEVILLANO   ¡Ole!

*(«La Real» y veinte galeras más le sacuden dos
de mosqueo a* ALUCH ALÍ, *que huye como un bus-
capiés gracias a sus remeros, que echan el bofe,
el hígado y otros diversos menudillos en las pro-
celosas profundidades del Mediterráneo.)*

DON JUAN   ¡Alto! No podremos alcanzarlo. Que le den
dos duros en billetes del metro. *(*DON JUAN *se
acerca a* JUAN ANDREA DORIA, *que ha sido trasladado a «La Real». El guerrero sufre cinco saetazos.)* ¡¡Vive Dios!! Parecéis un acerico. Pero
¿cómo os dejasteis vencer?

JUAN ANDREA DORIA   ¡Las cosas de la vida! En la primera fase de la batalla ardieron todas las velas...

DON JUAN   Debisteis despabilar. Bueno; que los morro-
nes os sean leves.

ANDREA DORIA Gracias, señor. De sobra comprendo que
he hecho una toninada naval.

> (*Se retuerce y se muere de una vez. Los turcos
> que no han fallecido se han fugado; el triunfo
> ha sido mayestático, pero lejos de envanecerse,
> D. JUAN DE AUSTRIA consulta su reloj de bolsi-
> llo, ve que es la una de la tarde, y con esa sen-
> cillez de frase que es la espuma de los grandes
> hombres, de los varones insignes de nuestra raza,
> murmura:*)

DON JUAN ¡A ver! El aire del mar abre el apetito... Que
me sirvan inmediatamente una sopa de fideos
finos con mesurada cantidad de chorizo rio-
jano.

El suicidio de Petronio

Decoración	El triclinio, «salle a menger», comedor o como ustedes quieran denominarlo, que tenia en su palacio de Cumas (Campania, Italia) el gran poeta Cayo Petronio, árbitro de la elegancia, satírico, millonario y juerguista.

*La escena, puesta con un lujo trepidante, pues
es sabido que* Petronio *vivía con un fausto que
el de Goethe era un cuplé. Nos encontramos en
las postrimerías del imperio de aquel apopléji-
co idiota que se llamó Claudio Nerón. Al comen-
zar la acción, se hallan comiendo los cónsules*
Licinio, Vatinio, Pisón, Senección, Sexto
Africano, Epcio Marcelo *y* Aquilio Régu-
lo. *Preside la mesa* Petronio, *que tiene a su
lado a* Eunice, *una esclava que le amaba hasta la epilepsia y que además tenía una belleza
de las de «¡Vaya usted con Dios, Niceforo!».
Varias damas exentas de vergüenza, animan el
banquete con sus provocativas y sedosas semi-
desnudeces. Esclavos, citaristas, etc. Empieza
la acción.* Petronio *se muestra obsequiosísi-
mo con sus invitados.*

Petronio ¿Una pata de pollo?... ¿Una aceituna?...

Pisón Dámela a mí, que no tengo ninguna.

Petronio ¿La quieres deshuesada, o bien con hueso?

Pisón Tú dámela y no te ocupes de eso.

Licinio (*A voces.*) ¡Más vino!

VATINIO   (*Molesto.*) ¡Este Licinio cuánto chilla!

ESCLAVO   ¿Manzanilla u Oporto?

LICINIO   ¡Oporto, memo!
           ¿Qué quieres? ¿Que te pida manzanilla
           para que me la des «Rómulo y Remo»?
           ¡Anda a tomarle el pelo a Pancho Villa!
           ¡Y vete de delante!
           ¡Nos ha sintonizao el escanciante!...

           (*Rumores de desagrado entre los invitados por
           la actitud chulesca de* LICINIO.)

PETRONIO   ¿Qué harán los dioses lares
           que no cortan la vida de ese bruto
           y en las tierras polares
           dejan morir las gentes a millares,
           víctimas del mortífero escorbuto?

PISÓN   ¡Qué justa observación!

PETRONIO   Tantas gracias, Pisón.

SENECCIÓN Ya los Dioses, sean lares o penales,
           nos van abandonando, caro Cayo.
           y ha de matarnos de Nerón el rayo...

PETRONIO   Bueno, pues liaremos los petates
           y con gesto risueño y placentero,
           nos iremos a ver al can Cerbero...

SENECCIÓN (*Ansioso.*) ¿No te importa morir? ¡Eres brutal!

PETRONIO   (*Alzándose de hombros.*)
Hasta el postrer momento
usaré el jabón Gal
y, estando perfumado, me da igual
diñarla aquí, en Villalba o en Sorrento...

EUNICE   (*Entusiasmada.*)
¡Qué fino! ¡Qué elegante!

PETRONIO   Solo existe una cosa que me espante
y es dejar este mundo desdichado
en un día que esté mal afeitado...

PISÓN   ¿No temes a Nerón?

PETRONIO   No. Por mi abuelo.
Si hay que morir por fuerza en corto plazo,
¿qué más me da morir de un estacazo
que de una inflamación del cerebelo?

(*Rumores admirativos y exclamaciones de
«¡Vaya un tío!, ¡Eso es hablar!, ¡Para que os
vayáis dando cuenta!» etc., etc. Un centurión
con cara de aparato de galena entra súbitamen-
te, produciendo la natural alarma.*)

CENTURIÓN   ¿Cayo Petronio?

PETRONIO   Menda soy.

CENTURIÓN   ¿Es guasa?

PETRONIO   Lo de «menda» es latín.

CENTURIÓN   ¡Ah, ya!

PETRONIO   ¿Qué pasa?

CENTURIÓN   Una orden de Nerón. Empápate.

              (*Le da la orden.*)

PETRONIO   Apropíncuamela. ¿Qué esperas?

CENTURIÓN   Nada.

PETRONIO   Pues aquella es la puerta. Lárgate,
y a ver si rompes algo con la espada...

              (EL CENTURIÓN *hace un mutis precioso.*)

PISÓN   ¿Qué será?

MARCELO   ¿Qué será?

PETRONIO   (*Después de leer.*) Quiere la suerte
que el César me haya condenado a muerte.

SEXTO   ¡Retermas!

EUNICE   ¡¡Cayo!!

VATINIO   ¡La caraba!

PETRONIO   ¡Basta!
Todos sabéis muy bien cómo las gasto
y en lo que a mí respecta

me perece este fin de perlas Kepta.
La cosa me cautiva
y tenía del hecho tal certeza
que le he escrito a Nerón una misiva
que lo va a hacer puré. Ved cómo empieza...
(*Lee en voz alta y con un acento ligeramente
circunflejo.*)
«Mi querido Nerón: Eres más tonto
que bailar la furlana con patines.
Porque saber que moriré muy pronto
me sienta, ¡oh, cantor del Helesponto!,
mejor que unos botines.
¿Te figuras, bolonio,
que le importa morir al gran Petronio?
¡Pues no le importa! ¡Moriré tranquilo,
tranquilo cual la fronda,
cual las aguas del Nilo,
cual radioescucha que encontró la onda
porque no perdió el hilo!
Y te juro por Ceres
que no me has producido una rabieta,
porque me marcho, ¡oh, César!, del planeta
harto de vino, versos y mujeres...
¡Y sin tener que oír cantar a Fleta
que es el colmo de todos los placeres!
Me muero muy a gusto,
así es, divino,
que si has querido darme un gran disgusto
has hecho el peregrino...
Y ahora permítele a este amigo viejo
que te de un prudentísimo consejo:
conserva la salud, mata, asesina,
cual hiciste a Lucano y a Agripina;

roba envenena, incendia, haz mil burradas
como las que ya llevas realizadas,
pero no vuelvas en futuros días
a escribir poesías,
porque como poeta,
¡eres peor que el Chato de Cuqueta!
Sean estos renglones testimonio
del afecto sincero de Petronio».

(*Barullo extraordinario. Los asistentes, aterrados, hablan todos a un tiempo y nadie se entiende. Unos huyen, otros gritan, otros se esconden. Cisco de orujo.*)

AQUILIO   ¿Qué has hecho, desdichado?

LUCINIO   ¡Tu situación, Petronio, has agravado!

PETRONIO   Agravado... ¿por qué?
Ven aquí, Agamenón, acércate.
(*Se acerca Agamenón, que es un médico griego que parece el esqueleto de un autobús.*)
Pínchame en una vena
y así que hayas pinchado, sal de escena.

(*El médico le pincha como si fuera un neumático.* PETRONIO *se tumba a la larga y todos lo rodean.*)

EUNICE   (*Lo abraza.*)
¡Cayo, siempre te he amado!

PETRONIO   Yo nunca lo he dudado.

EUNICE   (*Al médico.*)
              ¡Pínchame a mí también!

PETRONIO   Dime qué intentas.

EUNICE   ¡Quiero morir contigo, oh, alma mía!

PETRONIO   Yo me voy más deprisa que un tranvía
              de la línea de Ventas...
              ¡Adiós, amigos! ¡Viva la elegancia!
              (*La muerte se acerca rápidamente.*)
              Ya siento de la muerte la fragancia...

EUNICE   (*Moribunda también.*)
              Déjame que te bese.

PETRONIO   Bueno, besa.

EUNICE   ¡Adiós, Petronio, adiós!

PETRONIO   ¡Adiós, Eunice!

LICINIO   (*Aparte, contemplando el cuadro.*)
              Si en ver de hacerlo aquí, lo hacen en Price,
              ¡vaya negocio que es para la empresa!

El último idilio
entre Marco Antonio y Cleopatra

Decoración   Un rincón del jardín que rodea al palacio de Cleopatra en Alejandría, Egipto. Rosas, surtidores, estanques, pájaros, etc., etc., se acumulan para deleitar los sentidos. Al levantarse el telón, Marco Antonio y Cleopatra, tumbados en un triclinio, se prodigan ternezas. Marco Antonio, el triunviro, es un hombre joven, lleno de arrogancia y de deudas. Cleopatra, ¡ay!, es una dama egipcia que ha sido reina y que goza de una hermosura que tira de espaldas y desnuca. ¡Tontería de mujer!... ¡Lástima que haya fallecido! Empieza la acción.

Cleopatra   (*Abrazada a* Marco.)
             ¿Es cierto que me adoras?

Marco Antonio   (*Acaricia los hombros desnudos de*
             Cleopatra.)
             Sí que es cierto.
             La pasión hacia ti mi pecho exhala;
             quiero mirarte igual que en el desierto
             se miran el chacal y la chacala.
             (*Mareado por la proximidad de la bella.*)
             En tus pupilas brilla
             un deseo de goces celestiales.
             ¡No me mires así, Cleopatrilla,
             que me vuelves mochales!
             (*La piropea elegantemente.*)
             ¡Espejo biselado!

Cleopatra   ¡Oh! Dueño de la Galia...

Marco A.   ¡Perfume delicado!

Cleopatra   ¡Esencia de Floralia!

Marco A.   (*La abraza fuertemente.*)
             De nuestro amor, el broche
             mi brazo hercúleo sea...

Cleopatra   ¡Lucero de la noche!

MARCO A.   ¡Estrella... de Romea!

CLEOPATRA   *(Coge un ánfora de vino.)*
            ¡Bebamos!

MARCO A.   *(Huele el ánfora y pone los ojos en blanco.)*
            ¡Qué fragancia
            tiene este vino libio!

CLEOPATRA   ¿Te escancio?

MARCO A.   ¡Escancia, escancia!
            ¡Voy a ponerme tibio!
            (Después de beber.)
            Los dos curdas primeros del mundo fueron
                                              [sabios.
            Ese vinillo libio es ambrosía.
            ¿Tú no libas del libio, amada mía?

CLEOPATRA   ¡Yo libo de ese libio y de tus labios!
            (Lo besa.)
            Dame otro beso... y otro..., ¡esto es la gloria!
            Quiero que de mi amor guarden memoria
            eterna los anales del deseo.

MARCO A.   Yo me apuesto una oreja, cara Cleo,
            a que hacemos el ridi ante la historia.

CLEOPATRA   Y cuando al fin un día la diñemos,
            liados los dos cuerpos con tu clámide,
            ambos, precioso Marco, yaceremos
            en el negro interior de una pirámide.

MARCO A.   ¿Por qué bulle en tu mente
             la idea pavorosa de diñarla?
             Llena el ánfora.

CLEOPATRA   Acabo de llenarla.

MARCO A.   Pues a empinar el codo nuevamente.
             Mas, ¿qué rumor es ese?

CLEOPATRA   No lo sé.

             (*Se oye un rumor de voces fuera del jardín.*)

MARCO A.   Hijita, Cleopatra, entérate...
             Perdona la molestia...

CLEOPATRA   No hay de qué.

             (*Se acerca a todo correr un soldado llamado*
             QUINTO SEXTO.)

QUINTO SEXTO ¡Las legiones de Octavio! ¡Maldición!

MARCO A.   ¿Qué dice ese soldado? O está loco,
             o ha cogido un tablón
             de cien metros de largo como poco...

QUINTO   General...

MARCO A.   ¿Qué sucede?

QUINTO   ¡Un cataclismo
             que es para todos humillante agravio!

CLEOPATRA   Cuéntanos...

MARCO A.   ¡Desembucha! ¡Di!

QUINTO   Lo mismo
que cae la catarata en el abismo,
cae sobre la ciudad el gran Octavio.

MARCO A.   ¡Mi abuela!

CLEOPATRA   ¡Repirámide!

MARCO A.   ¿Es posible?

QUINTO   Sálvate, Marco. Octavio es invencible.

MARCO A.   ¡Por Diana, qué miedo!

CLEOPATRA   Disimula.

MARCO A.   Es que Octavio es más bruto que una mula...

QUINTO   Ya se acercan, señor.

MARCO A.   Pues acabemos
esta escena, que empieza a ser pesada.

CLEOPATRA   Marco Antonio, amor mío, di, qué hacemos...

MARCO A.   Yo voy a hacerme cisco con la espada.
Antes, oye, Cleopatra, y toma nota:
no caigas viva en brazos de ese idiota.
(Por OCTAVIO. *Saca la espada, la apoya en el*

suelo y, dejándose caer sobre ella, se atraviesa.
Retorciéndose en la agonía.)
Decid a la familia que disfruto
que se encarguen las túnicas de luto...

(*Muere.*)

CLEOPATRA   ¡Infeliz compañero,
hasta en la muerte horrenda eres magnifico!
Yo he de morir también, y hacerlo quiero
al lado de tu cuerpo frigorífico.
(*Se acerca al brazo un áspid y aguanta el mordisco.*)
¡Oh, reptil miserable!
Tu terrible ponzoña necesito.
Muerde en mi brazo blanco y codiciable...
Voy a morir... La vida es un asquito...
(*Cae al suelo.*)
Isis..., ¡acógeme!... (*Moribunda.*) Siento
                                    [calambres...

(*Muere.*)

Quinto   ¿Y qué hago yo con estos dos fiambres?

(*Se queda contemplando ambos cadáveres, y cae el telón.*)

El epílogo de Nerón

Decoración   El cubículo de Nerón en el Palatino. Son las cuatro de la mañana. El César duerme en su lecho; se halla tumbado boca abajo, en una postura harto plebeya, y sus anchas narices, aplastadas contra las plumas de codorniz huérfana en que reposa, emiten un ronquido asaz tumultuoso e inarmónico.

Estamos en el año 68; hace catorce años que
Nerón *está haciendo el salvaje desde el solio*
imperial, y ya, merced a la insurrección de Gal-
ba, son contadas sus horas de poder. Un rumor
se oye en el Palatino; solo desde la Suburra lle-
ga el canto de un gallo.

Nerón   *(Soñando en voz alta.)*
Tigelino... el amor me sobreexcita...
Que me den una esclava bien llenita...
¡Que viva el amor libre y viva yo!
¡Y que vivan Melquiades y Cambó!
(Una pausa; nada se escucha nuevamente.)
¡Que lancen a las fieras los cristianos
por decir que los hombres que vivimos
somos todos hermanos!
¡Eso es una mentira! ¿Los romanos
que se dejan matar por mí a racimos,
son hermanos?... ¡No, no! ¡Son unos primos!

(Otra pausa; al final de ella entra rápidamen-
te en la estancia Publinio, *un fornido centu-*
rión que trae el uniforme lleno de polvo y vie-
ne muy sudoroso y agitado. Pasea su mirada
inquisitiva por todos lados, y al descubrir a
Nerón *exclama.)*

PUBLINIO   ¡Por fin a Marte plugo
que encontrase a este mísero besugo!
Duerme, duerme...; te traigo tal noticia
que puede que te cueste una ictericia.
(*Zarandea a* NERÓN *por un brazo.*)
¡Oye, Claudio! ¡Nerón! ¡Sacude el sueño!
Este hijo de Agripina está hecho un leño...
¡Nerón, despierta ya, o te doy un cate
que te va a dejar tonto de remate!

NERÓN   (*Se restriega lentamente los párpados.*)
¿Eh?... ¿Quién llama?... ¿Quién es?...

PUBLINIO   Un centurión.

NERÓN   (*Se vuelve del otro lado.*)
Que te den tres sextercios de vellón.

PUBLINIO   (*Se ladea el casco con elegancia.*)
¡Mi madre!... Este jamelgo se ha creído
que es óbolo vil lo que le pido...
¡Abandona ese sueño peligroso
y escúchame, Nerón! ¡No hagas el oso!

NERÓN   (*Muy malhumorado porque no puede seguir
durmiendo.*)
Déjame, centurión, que te sacudo
lo mismo que si fueras un felpudo...

PUBLINIO   Es que traigo una nueva, desdichado,
que es fatal para ti.

NERÓN   *(Se incorpora con interés.)*
              Habla, soldado.

PUBLINIO   Si vengo a despertarte con el alba
              es porque el pueblo está aclamando a Galba.

NERÓN   ¿Qué dices?

PUBLINIO   Que se escucha este clamor.
              «¡Viva Galba, el reciente emperador!»

NERÓN   ¿Y ni un solo leal de mí se acuerda?

PUBLINIO   Tú eres en Roma ya un cero a la izquierda...

NERÓN   ¡Por Minerva!

PUBLINIO   Y tu guardia se subleva...

NERÓN   ¡Pues me dejas «frappé» con esa nueva!

PUBLINIO   Siento darte este trago tan amargo...

NERÓN   Ayúdame a escapar.

PUBLINIO   No. Yo me largo.

              (Y se esfuma por donde entró.)

NERÓN   *(Rabioso, casi hidrófobo.)*
              ¡Rediana, y se marcha ese bribón
              dejándome en tan triste situación!...

Llamaré... ¡Aquí!... ¡Los míos!...
¡Tigelino!...¡Actea!... ¿Está desierto el
Palatino?

(*A las voces acude el liberto* EPAFRODITO, *el cual se dirige familiarmente a* NERÓN.)

EPAFRODITO ¡Apresúrate, ninchi, que peligras!

NERÓN (*Espantado.*)
Epafrodito ..., ¿tú también emigras?

EPAFRODITO ¿Ahora te desayunas, insensato?
¡Hoy emigra de aquí hasta el mismo gato!
Sígueme... Cúbrete antes con mi manto,
que si te ven te arrean...

NERÓN ¡Oh, qué espanto!
(*Se tapa con el manto del liberto y casi se desmaya.*)
¡Ay, qué histérico tengo, qué desgana!...

EPAFRODITO (*Lo coge por una oreja y hace mutis.*)
¡Huyamos por la puerta Nomentana!

***

Un jardín en la quinta Faonte. Amanece. En escena están NERÓN, EPAFRODITO *y* ESPORO, *otro liberto. Se oyen vivas a Galba.*

EPAFRODITO (*A* NERÓN, *que está hecho polvo de emoción.*)
El pueblo aclama a Galba. Hay que morir.

NERÓN   ¿Yo, morir? ¡Qué dislate!
                        Epafrodito, yo quiero vivir...

ESPORO   *(Tajante y seco.)*
                        Pues como si quisieras chocolate.
                        Ya ves que el escapar es imposible,
                        de no tener un globo o dirigible.

EPAFRODITO   *(Sacando un puñal a la intemperie.)*
                        Toma un puñal; sepúltalo en tu pecho.

NERÓN   Este puñal es demasiado estrecho...

ESPORO   Déjate ya de tontas dimensiones
                        y clávate el puñal sin dilaciones.

NERÓN   *(Temblando.)*
                        Ya voy yo, ya voy yo; no me empujéis...
                        (Apoya la aguda hoja en su garganta.)
                        ¡A la una, a las dos! Lo hinco a las seis...

EPAFRODITO   Te lo hincas a las cinco, que es la hora
                        en la que, como ves, nace la aurora.

ESPORO   ¡Basta de hacer el bu, Nerón! ¡Acaba!

EPAFRODITO   *(Da un fuerte golpe sobre el puñal que se hun-*
                        de en el cuello de Nerón.)
                        ¡Húndetelo, rediez!

NERÓN   *(Grita horrorizado.)*
                        ¡¡Que se me clava!!

(Cae al suelo con una hemorragia que se queda solo. CIRRÓN, un jinete, aparece a lo lejos, agitando en su mano el perdón de Nerón.)

CIRRÓN ¡Galba te da la vida en un alarde
de noble compasión y de hidalguía!...

NERÓN *(Lanza sobre él una mirada asesina.)*
Tanto correr y al cabo llegas tarde...
¿Por qué no has venido antes, so sandía?

CIRRÓN *(Desmonta y contempla al moribundo César.)*
Diñándola está... ¡y me pone verde!

ESPORO Con su muerte se acaban los apuros.

NERÓN *(Hace un esfuerzo como si fuera a levantar a pulso un furgón de cola.)*
¡Oh! Con mi muerte el universo pierde
un gran artista...

EPAFRODITO *(Volviéndole despreciativo la espalda.)*
¡Que te den dos duros!

La conversión del duque de Gandía

Bello lugar situado
a las puertas de Granada,
sitio donde fue entregado
en fecha mucho señalada
el cadáver de la hermosa
Isabel de Portugal,
dama noble y liberal,
simpática, aunque algo sosa,
mujer de Carlos Primero
(el que a Yuste marchó un día),
la cual fue el amor postrero
del gran Duque de Gandía.
Pero conviene explicar
que si Gandía la amó,
ella no correspondió
a pasión tan singular
y que al morir en Toledo
de una muerte muy corriente
se murió (y jurarlo puedo)
tras resistir con denuedo
el asedio impertinente
y sin otorgar ni un dedo
de su organismo esplendente
a aquel galán que, concedo
que era un partido excelente.
Muerta Isabel, su marido
mandó que fuese enterrada

en la ciudad de Granada
y, como aquel rey temido
ignoraba que Gandía
hacia la reina sentía
una pasión desatada,
al pasar el novenario
le ordenó tomar el mando
del cortejo funerario
y que lo dejase cuando
la emperatriz malograda
reposase ya en Granada
cual reliquia en relicario.
(¡Vaya párrafo!)

Al levantarse el telón, en escena, el obispo DON
GASPAR DE ÁVALOS, DON LUIS DE RECASENS, *no-*
ble, clero, acompañamiento y coro general.
Todos estos simpáticos pelmazos se hallan
aguardando al marqués de Lombay y Duque de
Gandía, Don Francisco de Borja, el cual está a
punto de llegar al paraje en cuestión, al frente
del cortejo fúnebre que trae los restos eminente-
mente mortales de la ex reina doña Isabel de
Portugal. Empieza la acción.

DON GASPAR   *(Un poco fastidiado por la espera.)*
¿No aparecen aún?

DON LUIS   No, monseñor.

Don Gaspar   Que aticen un redoble de tambor
a ver si por detrás de aquellos robles
suenan otros redobles
que sería señal de que el cortejo
está cercano. Y trae tu catalejo,
que voy a vislumbrar la lontananza
hasta aquel sitio a donde el chisme
                      [alcanza.

(Don Gaspar *otea la lejanía con un catalejo,
que es una verdadera facha, mientras que los
soldados redoblan en sus tambores cual fieras.*)

Don Luis   (*Al obispo* Don Gaspar.)
¿Veis algo, monseñor?

Don Gaspar   Mis ojos viejos
creen ver allá lejos, allá lejos,
do canta el Darro su canción sonora...

Don Luis   ¿El qué veis, monseñor?

Don Gaspar   Nueve conejos
que se alejan corriendo a cien por hora.
Mas, ¿no oís un redoble?

(*Suena un redoble lejano.*)

Don Luis   Sí, a fe mía.

Don Gaspar   ¡Es Gandía, que viene!

Otro Noble   ¡Si! Es Gandía.

DON GASPAR Compostura. ¡Silencio! A ver se acierta
el cortejo imponente y funerario.
¡Allí traen a la reina, pero muerta!
Os ruego que no hagáis el dromedario.
(*Una pausa de hora y cuarto. Todos, descubier-
tos aguardan la llegada del cortejo. Entra en
escena el* DUQUE DE GANDÍA, *apuesto y guapo
pollo que viene con una cara más triste que Diego San José. Le sigue* DON LUIS QUIJADA, *varios
pajes, mucha soldadesca bastante mal carac-
terizada y cuatro nobles que traen a hombros
el féretro que contiene los restos de la reina Isabel. Como los nobles vienen cargados con el arcón desde que salieron de Toledo, hace un mes,
están algo fatigadillos, y en cuanto pueden lo
dejan en el suelo. No por nada, ¿eh?* DON GAS-
PAR *se adelanta finísimo hacia el duque y sus
acompañantes.*)
Impacientes os hemos esperado
desde que el sol lució el primer destello...

GANDÍA Cierto es lo que decís; me he retrasado,
pero es porque el reloj se me ha parado
y si tardé en llegar, culpa fue dello.

DON GASPAR (*Siempre mundano.*)
¿Qué tal el viaje?

GANDÍA Bien.

DON GASPAR Y del paisaje
¿qué me contáis, Gandía?

GANDÍA   Es un encaje
de belleza sin par.

QUIJADA   ¡Creo lo mismo!

DON GASPAR   ¿Vale la pena o no hacer el viaje?

GANDÍA   ¡Vale en verdad! Pero hay poco turismo.

DON GASPAR   Hace cinco o seis meses
estuvieron aquí catorce ingleses.

GANDÍA   ¿Y les causó entusiasmo la región?

DON GASPAR   La encontraron más bella que Londón.

QUIJADA   ¡¡Hay que ver!

RECASENS   ¡Hay que ver!

GANDÍA   ¡Por vida mía!
¿Es que vais a cantar «La montería»?

QUIJADA   ¡Es que nos asombraba
lo que aquí, don Gaspar nos relataba.

DON GASPAR   ¿Quedó muy triste el rey?

GANDÍA   Quedó hecho cisco.
Y es para él esta muerte tan dañina
que me dijo al marcharnos: «Don Francisco,
esto me hace "crocletas" de gallina».

RECASENS   ¿Crocletas dijo?

GANDÍA   Sí, yo soy sincero.
El rey habla peor que un verdulero.
Es alemán y no es extraordinario
que no le entre en la testa el diccionario.

DON GASPAR Bueno, basta de charla, que urge ya
que entreguéis el cadáver.

GANDÍA   Aquí está.
(GANDÍA *señala el féretro; luego le da una lla-*
ve al obispo.)
Y aquí tenéis del arcón
do la reina está, la llave;
abrid, monseñor, y acabe
de una vez esta cuestión.

     (DON GASPAR *hace esfuerzos por abrir el ataúd,*
pero suda en balde.)

DON GASPAR ¡En el nombre del padre! ¡No se puede!
¡La cerradura del arcón no cede!

GANDÍA   ¡Por Cristo, que es extraño!

DON GASPAR No hay manera.

GANDÍA   ¡Caray, me he confundido
y en lugar de esa llave os he ofrecido
la del cuarto de baño!
(*Le da otra llave.*)
Tomad, que es esta...

DON GASPAR ¡Ah, vamos!

QUIJADA   (*Aparte, a Gandía.*)
                    Sois un hueso.

                    (DON GASPAR *abre el arcón y él y todos los de-
                    más se separan vivamente del féretro tapándose
                    las narices con furia.*)

DON GASPAR (*Aparte.*)
                    ¡Mi abuela! ¡No hay quien pare al lado de eso!

GANDÍA   (*Se acerca al ataúd de la reina.*)
                    ¿Qué es este mal olor? ¿Acaso...? ¡Cielos!
                    ¿Es la reina? ¿Es el rey? ¿O es Venizelos?
                    (GANDÍA *queda absorto contemplando el cadá-
                    ver que está de lo más putrefacto y en el que el
                    duque no puede descubrir por más que se esfuer-
                    za la delicada y anterior belleza de la reina.*)
                    ¡No, no! ¡No es Isabel! ¡De ningún modo!
                    ¿Es cierto lo que veo o estoy beodo?
                    A pensar que esto es cierto no me atrevo.
                    Luego estoy curda. ¡Mas, si yo no bebo!
                    ¡Dilema horrorizante! ¡Misterio alucinante!
                    ¡Enigma interrogante! ¡Problema
                                                  [escacharrante!
                    Lo que hay aquí delante,
                    ¿qué es, Júpiter tonante?
                    Mas... ¡Ah!, ¡ya! ¡Sí! ¡¡Comprendo!!
                    Esto que mis pupilas están viendo
                    es lo que queda de aquel ser divino
                    de aquel semblante hermoso y peregrino

después de veintiún días de camino.
¡Y esto lo he amado yo!... ¡Soy un pollino!

(GANDÍA *se retira de junto al féretro y va a sentarse en la izquierda, sobre unas piedras de granito con incrustaciones de cretona.*)

DON GASPAR ¿Qué le ocurrirá a Gandía
para que ponga esa cara?

RECASENS Yo no sé.

QUIJADA ¡Cosa más rara!

DON GASPAR A ver si ese nos da el día...
Porque a mí, vamos, me achara
verle con faz tan sombría.

(GANDÍA *se levanta con rostro místico y avanza hacia el grupo comentarista.*)

GANDÍA Señores. Lo confieso. ¡Yo la amé!
La amé con ansia, con locura...

TODOS (*Asombrados.*)
¿Qué?

GANDÍA Amé a la reina con amor mundano.

RECASENS ¿Qué dice?

QUIJADA ¡¡Está chalao!

DON GASPAR   ¡Dios soberano!

GANDÍA   La amé y cuando en la corte la veía
            hacía de intestinos corazón
            y ocultaba el amor que le tenía
            para no promover una cuestión
            que pudiera chafar la monarquía.

DON GASPAR   ¡Taponadle la boca!

RECASENS   ¡Sí! ¡Enseguida!

DON GASPAR   ¡Que no hable más, pues si su historia espeta
            al conocerse esa pasión sentida
            se va a jugar la vida a la ruleta...!

GANDÍA   ¡Alto! ¡Dejadme! ¡Ya todo acabó!
            ¡Acabo de ver yo
            los putrefactos restos de la reina!
            Y os juro por mi nombre de Gandía
            que un socio como yo ya no se peina
            para un ser que diñarla pueda un día.

DON GASPAR   ¿Qué decís?

GANDÍA   Lo que oís. Que acabó el baile.
            Que aquí finan mis necios devaneos,
            y que os voy a dejar a todos feos,
            ¡porque desde mañana, me hago fraile!
            (*Estupefacción general y soldadesca.* GANDÍA *cae
            a los pies de* DON GASPAR *y le besa el anillo.*)
            Dejad que imprima un beso en vuestro anillo.

Don Gaspar *(Sonriente y satisfecho.)*
¡Qué demonio de Paco! ¡¡Es un chiquillo!!

(Forman un grupo precioso para un pisapapeles, y cae el telón.)

Postreros instantes de Felipe II

Real sitio del Escorial, 13 de septiembre de 1598. Un cuarto con honores de birria en el monasterio de El Escorial, edificio construido por Felipe II y que antiguamente fue conocido por el mote de «la octava maravilla del mundo». Hoy, y mediante el progreso de la astronomía, ha decaído la tal denominación, porque en las estrellas se han visto innumerables maravillas. Y en maravillas se han visto innumerables estrellas. Las paredes del cuarto real se hallan cubiertas de cuadros religiosos, estampas y reliquias, con una profusión que marea. Frente a la puerta de entrada hay tres grandes láminas representando a San Justo, a San Pascual y a Santander, visto desde el sardinero. En una cama tan mayestática como antihigiénica yace el rey paradójico que llamó «Invencible» a una armada vencida. En el momento en que lo descubrimos tiene Felipe setenta y un años, tres meses y veintidós días, y se halla en un estado asaz lastimoso. Su cuerpo, que fue esbelto y algo jacarandoso y postrimero, se ha convertido en un potpourri de dolencias. Una pertinaz gota lo destroza desde años atrás y algunos historiadores afirman que también sufría de cataratas en los ojos. Sin embargo, esto no es creíble, pues está demostrado que Felipe se

*preocupaba mucho de la gota y, de sufrir ca-
taratas, una gota no habría tenido importancia para él. En el cuarto que ocupa el rey
se encuentran, cuatro y media de la mañana, los doctores* García de Oñate, Zamudio de Alfaro *y* Gómez de Sanabria; *el
confesor de Felipe;* Don Cristóbal de Maura, *conde de Castel-Rodrigo, hombre mundano y algo hepático;* Don Juan Idiáquez
*comendador mayor de León y persona más
optimista que Manolo Tovar, y el* Conde de
Chinchón. *En la cámara contigua platican*
Don Fernando de Toledo, Don Enrique
de Guzmán *y* Don Francisco de Rivera,
*a más de otros palaciegos, igualmente lige-
ros y frivolinos.*

Don Cristóbal de Maura   *(Observa el rostro lívido del
rey.)* Me parece que está hincando el pico...

Don Juan Idiáquez   *(Siempre optimista.)* ¡Bah! Eso es
un soponcio pasajero.

Don Cristóbal   *(Molesto.)* ¿Por ventura pensáis que aún
ha de salvarse?

Don Juan   Estoy convencido de que su majestad no
se muere en toda su vida.

Don Cristóbal   *(Levemente quemado.)* Sois festivo...
como un domingo.

DON JUAN   Lo que no soy es un sauce llorón y acon-
             gojado como vos…

DON CRISTÓBAL (*Iracundo.*) ¿Como yo?

DON JUAN   (*Apaciguando el temporal.*) Como vos…
             podéis suponer.

DON CRISTÓBAL ¡Ah, ya!

             (*Se separa de* DON JUAN.)

DON JUAN   (*Aparte.*) Este tipejo se iracundiza ense-
             guida.

EL CONDE DE CHINCHÓN   Un consejo, don Juan.

DON JUAN   Decid.

EL CONDE   No arméis nunca camorra con don Cris-
             tóbal. Es de una brutalidad que deja tré-
             mulo.

DON JUAN   Sí; tiene el carácter convertido en una vi-
             nagreta. Los años…

EL CONDE   Los años y la bilis que se le revuelve be-
             licosa.

DON JUAN   ¡Cómo! ¿Sufre de hepáticos?

EL CONDE   Tiene el hígado como para hacer «foie-
             gras».

DON JUAN   ¡Desdichado! Entonces, el peor día le
                  vemos dentro de un «sandwich»…

                  (*Un silencio durante el cual no se oye nada.*)

DON FERNANDO DE TOLEDO   (*En la cámara contigua.*) Y
                  ¿qué os parece el rey?

DON ENRIQUE DE GUZMÁN   Feísimo.

DON FRANCISCO DE RIVERA   ¡Tenéis unos golpes que me
                  facturan!

                  (*Ríe.*)

DON FERNANDO   Me refería a su estado.

DON ENRIQUE   ¿Qué os diré yo que no os hayan dicho
                  esos admirables doctores, que tanto sa-
                  ben… a calabacín relleno? El rey sufre
                  incontables males, que le llevan a la
                  tumba.

DON FRANCISCO   Anoche se le presentaron unas hemo-
                  rroides algo relapsas, que precipitarán
                  su fin.

DON FERNANDO   Dejémonos de macabridades.

DON FRANCISCO   Yo os digo que el rey se merece eso y
                  más. Ha sido siempre un tío antipático.

DON ENRIQUE	Rodeado de frailes inquisicioneros, viviendo con una austeridad que, a su lado, Ramiro «el Monje» fue un juerguista, ha llevado al país a una situación harto putrefacta.
DON FRANCISCO	Esa es la fetén, mi señor don Fernando.
DON ENRIQUE	El hombre que mientras el pueblo se muere de hambre se gasta una burrada de ducados en levantar esta inutilidad de edificio es un malvado o es más tonto que nadar en una tinaja.
DON FRANCISCO	Estáis hablando como Melquiades Álvarez.

(*Fuertes rumores en la cámara real.*)

DON FERNANDO	¿Eh? ¿Qué acontece?

(*Todos se agolpan en la puerta.*)

EL DOCTOR GARCÍA DE OÑATE	Mis sabios compañeros y yo acabamos de descubrir que, además de las ya sabidas dolencias, el rey Felipe tiene la gripe.

(*Se retira nuevamente. Los cortesanos se transmiten rápidamente la nueva nueva.*)

DON ENRIQUE	Hasta en eso se ve clara y patente su ambición. Ha decidido tener todas las enfermedades del mundo.

(Nuevo revuelo en la alcoba del rey, que es invadida por los caballeros que velan al monarca.)

DON CRISTÓBAL	¡Silencio! ¡El rey está hablando!
EL REY FELIPE II	*(Que delira.)* ¡A ver! Mis gentes… Quiero edificar un convento en Torrelodones y otro en Alcoy, para que se intensifique la fabricación de peladillas…
OÑATE	*(Para su interior.)* Este hombre está hecho un cacharro.
FELIPE II	¡Pronto! ¡Que quemen a todos los que no piensen como yo! ¡Que hagan croquetas con los herejes y los apóstatas! ¡Hogueras, hogueras!
DON CRISTÓBAL	*(Entusiasmado.)* ¡Con que fuego habla el rey!
FELIPE II	*(Viendo visiones.)* ¡Eh! ¡No te acerques, Antonio Pérez! Yo no tengo la culpa; yo soy muy bueno y muy religioso. Yo no hice más que ordenarte que matases a Escobedo. Yo no he hecho más que hacer

morir en el cadalso a cien mil españoles y moriscos. Yo soy muy cristiano y muy piadoso. ¡Apartad, fantasmas! Pérez, Lanuza, Villahermosa, Aranda, Valor, Carlos, Egmont, Horn, Juan, Heredia, Purroy, Gurrea, Ferriz, Aragón, Bolea... ¡Apartad, visiones!

DON CRISTÓBAL   Señor... Callad... Soy yo.

FELIPE II   ¡Quita, visión!

(*Risitas contenidas entre los cortesanos, porque el de Mora tiene una cara que parece un disturbio.*)

EL DOCTOR ZAMUDIO DE ALFARO   La fiebre hética se acentúa en el rey.

FELIPE II   (*Algo lúcido.*) Cristóbal... Haz que venga el príncipe, mi hijo.

(*Un noble sale escapado a buscar al príncipe, que se halla en sus habitaciones jugando a la brisca. Hay una pausa llena de ansiedades. Luego entra* EL PRÍNCIPE DON FELIPE. *Tiene veinte años y le gustan las damas de un modo esquizofrénico.*)

EL PRÍNCIPE DON FELIPE   (*Acercándose al rey.*) Aquí estoy, señor....

FELIPE II   ¡Hola, monín! ¡Acércate, que te oscule! (*Ambos se besan.*) Te he llamado, rico, porque siento que me muero; ¡lo siento mucho! Estoy hecho un verdadero churro. Tú heredarás el trono y quiero darte algunos consejos de buen gobierno. Cuando seas rey, haz lo siguiente: si ves que un hombre descuella por lo inteligente, acúsale de hereje y hazlo quemar, porque de esta manera no podrá quitarte el trono valiéndose de su talento; consúltalo todo con el Papa y luego haz lo que más te convenga; así todo el mundo te tendrá por excelente cristiano. Vístete siempre de negro y desdeña en público a las mujeres, diciendo que son instrumentos del demonio, pues de esta forma nadie podrá suponer que te juergueas con ellas en privado; vive sin quitarte ningún gusto, por caro que sea, y no hagas caso si te dicen que el pueblo se muere de hambre: yo oigo eso mismo desde hace sesenta años y aún no se ha muerto; ten siempre encendida una guerra que justifique tus gastos y procura romper todos los documentos comprometedores para que andando los años no pueda llamarte nada feo Diego San José. No te tomes disgustos haz por vivir el mayor tiempo posible. Anda precioso, vete a jugar, que yo me voy a morir muy cristianamente.

El Príncipe	Adiós, papá.

(El Príncipe *abandona la estancia.*)

Felipe II	Cristóbal… A Dios….

Don Cristóbal	(*Solloza.*) Adiós, señor…

Felipe II	No te cueles, hombre. Digo que a Dios me encomiendo.

Don Cristóbal	(*Aparte.*) ¡Rechufla! La plancha ha sido eléctrica.

Felipe II	Me muero… Por tus buenos servicios te dejo…

Don Cristóbal	(*Ambicioso.*) ¿El qué, señor?

Felipe II	Te dejo… te dejo muy triste. No te apures. No tardarás en morirte también.

Don Cristóbal	¡Caray, qué consuelo!

Felipe II	Decid al pueblo que me las lío abrazado a un crucifijo y exclamando ¡viva España! (*Los cortesanos inclinan sus cabezas ante la grandeza del momento.*) Hijos míos, españoles, oíd la última frase de un rey estupendo. (*Reina un silencio absoluto. La voz de* Felipe II *es un murmullo parecido a la obertura de* Tannhauser.*) Yo os aseguro… que… las mejores

navajas se fabrican en Albacete... (*Se alza un rumor de admiración.* FELIPE II *ha cerrado los ojos, abrumado por su propia declaración; después comienza a rezar un credo y, no bien lo ha concluido, murmura:*) La vida es una *kermesse*...

(*Se convulsiona, tuerce la faz y fallece para unos cuantos siglos.*)

EL DOCTOR ZAMUDIO DE ALFARO   El alma de Su Majestad ha partido ya en vuelo planeado.

DON CRISTÓBAL   ¡El rey ha muerto! ¡Viva el rey!

DON ENRIQUE   (*Aparte.*) Salimos de un pelmazo y entramos en un grullo. Es cierto. La vida es una «kermesse» y nosotros unos primos alumbrados a la veneciana.

El embrujamiento de Carlos II

Madrid, a 15 de mayo de 1699. Cierta cámara, escondida y deshabitada, en el palacio del Buen Retiro. El tiempo ha pasado por la estancia, dejando en ella huellas inconfundibles de sus pasos. Sentados en sendas sillas, hablan con misterio tres hombres. Uno de ellos, alto, huesudo y con cara de calamar anémico, es el INQUISIDOR GENERAL ROCABERTI; *otro, que en un concurso de idiotas se llevaría todos los premios y algún accésit, es* FRAY FROILÁN DÍAZ, *confesor de Su Majestad, y el tercero,* FRAY ANTONIO ÁLVAREZ DE ARGÜELLES, *parece un murciélago huérfano. Los tres tienen muy malos hábitos. No quiero decir con esto que observen mala conducta, sino que llevan las respectivas sotanas harto estropeadillas.*

EL INQUISIDOR ROCABERTI   (*Da un suspiro como para elevar un aeróstato.*) ¡Muy cierto todo eso, fray Antonio!

FRAY FROILÁN   (*Que está con la boca abierta.*) Os juro que me dejáis de estuco con esas noticias.

FRAY ANTONIO   Pues son de una veracidad que troncha.

FRAY FROILÁN   ¡Cristo nos valga!

FRAY ANTONIO   Si Él no nos vale, la diñaremos unánimes.

EL INQUISIDOR   Y el rey, el primero.

FRAY ANTONIO   ¡El rey!... Cualquier día se irá al otro mundo.

FRAY FROILÁN   (*Que, según se ha dicho, es tonto.*) ¿A las Indias?

FRAY ANTONIO   ¡Al infierno, fray Froilán!

FRAY FROILÁN   ¡Oh! No musitéis tal cosa, que se me eriza el vello.

EL INQUISIDOR   Don Carlos tiene los demonios en el cuerpo.

FRAY FROILÁN   ¡Desdichado!...

EL INQUISIDOR   ¡Está hecho un sarmiento con filoxera!

FRAY FROILÁN   Su mirada es vaga e imprecisa.

FRAY ANTONIO   ¡Qué dolor de mirada!

FRAY FROILÁN   Y su cabeza no rige.

FRAY ANTONIO   ¡Qué dolor de cabeza

FRAY FROILÁN   Tomad aspirina, fray Antonio.

FRAY ANTONIO   ¡Sois más simple que el azufre! No me duele nada; me refería a la cabeza del Rey.

FRAY FROILÁN   Perdonad...

EL INQUISIDOR   Fray Froilán, tenéis menos alcance que un sello de ídem. El Sumo Hacedor escatimó la sustancia con que rellenó vuestro cráneo

(Esta es, indudablemente, la forma más bella en que se le ha llamado imbécil a un hombre.)

FRAY FROILÁN   *(Desentendiéndose.)* Decíais, fray Antonio...

FRAY ANTONIO   Decía que los demonios hanse aposentado en el cuerpo del Rey. Afortunadamente, yo he venido de Cangas de Tineo, de cuyo convento de Recoletas soy vicario, para curar a nuestro endiablado Monarca.

FRAY FROILÁN   ¿Lo vais a hacer hoy?

FRAY ANTONIO   Ahora mismo, en cuanto traigan al rey. Vos, que sois su confesor, me podréis dar datos...

FRAY FROILÁN   Es cuanto puedo daros: datos. Efectivamente, don Carlos está muy pocho. Balbuce al hablar, apenas lee, tiene menos pensamientos que un tiesto de a real... Mas yo pensé que todas esas cosas obedecían a cierta idiotez nativa y hereditaria...

FRAY ANTONIO   (*Fuera de sí.*) ¡Loco! ¡Ofendéis a Su Majestad! Todo eso es obra de los diablos...

FRAY FROILÁN   Pues fuerza es declarar que esos diablos no saben ortografía: el Rey escribe anteayer con dos haches.

FRAY ANTONIO   ¡Pródigo que es!

EL INQUISIDOR   Cuando él así lo escribe, es porque así debe escribirse...

FRAY ANTONIO   En este asunto, lo mejor es que nos achantemos y nos hagamos los alienados. Tampoco estamos muy seguros de cómo deben propinarse las haches.

(*Hay una pausilla.*)

FRAY FROILÁN   ¿De qué forma se le habrán introducido al rey esos demonios maléficos?

FRAY ANTONIO   Es cosa antigua. Yo lo sé, porque en Cangas de Tineo platiqué con el diablo.

FRAY FROILÁN   (*Da un bote.*) ¡Retridente!

(*Se santigua.*)

EL INQUISIDOR   ¿No huyó ante vuestros hábitos?

FRAY ANTONIO   Al contrario; me regaló un frasco de bencina extirpamanchas.

EL INQUISIDOR   ¡Qué cinismo!

FRAY ANTONIO   En el convento había tres religiosas poseídas de diabolismo convulsivo, y una mañana en que yo las hisopaba consecuentemente, se me apareció Lucifer.

FRAY FROILÁN   *(Temblando.)* Y ¿qué manifestó?

FRAY ANTONIO   Me aseguró que el Rey estaba endiablado desde 1675 por unos hechizos que le había atizado la reina doña Mariana de Austria, valiéndose de una mujer llamada Casilda Pérez, en un pocillo de chocolate.

EL INQUISIDOR   ¡Qué oprobio! ¡Soconuscar al rey!...

(Se supone que todo el que tiene el buen gusto de leer los palimpsestos conoce la exactitud histórica de esto del chocolate; pero si algún ser acéfalo lo duda, puede hojear en cualquier historia el reinado de aquella birria coronada que se llamó CARLOS II, *y se convencerá de nuestra decencia narrativa.)*

FRAY FROILÁN   ¡Quién creyera que en una pastilla de chocolate puede albergarse Satán...

FRAY ANTONIO   Pues se alberga. Se calcula que en una libra de Suchard hay unos tres mil diablos.

FRAY FROILÁN   ¡Demonio! ¡Ave María Purísima!

FRAY ANTONIO   Y el chocolate de Matías López es el peor. A cada libra corresponden quince mil Luciferes.

EL INQUISIDOR   Siempre dije que sabía a demonios.

FRAY FROILÁN   ¡Callad, por favor! Que tengo el cuerpo más temblequeante que una gelatina...

(Hay un silencio que dura hasta que se acaba.)

FRAY ANTONIO   ¿No oís los golpes de las alabardas? El Rey se acerca.

(Los tres reverendos se ponen en pie, y aguardan; no tarda en aparecer EL REY en el marco de la puerta. Viene acompañado de FRAY MAURO TENDA y FRAY ANTONIO FOLCH; los dos son más feos que una pareja de estafilococos. Les sigue un cortejo formado por otros frailes anodinos e ignotos, que traen cruz alzada, hisopo, recipientes con agua bendita, un reclinatorio, varias velas y diferentes enseres religiosos más. Su Majestad el rey don CARLOS II tiene en la actualidad treinta y ocho años, pero más que un rey parece un churro mal construido; está casi calvo, más delgado que el esqueleto de un galgo inglés; anda encogido, como si le hubieran pillado el cuerpo con una puerta,

y es algo patizambuelo; su cabeza parece una calabaza gigante; tiene los ojos saltones, la nariz se le derrumba sobre la boca, y el labio y la mandíbula inferiores avanzan, indicando que aquel hombre es la orgía de la estupidez. Tiene voz de niña cursi y cuando habla parece que lo hace Alvarito Retana.)

EL REY CARLOS II — ¡Dejadme en paz, ea!... ¡Que me dejéis en paz, ea! *(Va a un rincón y se deja caer en una silla.)* ¡Estoy harto de vosotros, sí, sí, sí! ¡Fastidiosos! ¡Fastidiosotes!...

FRAY MAURO — *(Avanza hacia él.)* Señor, permitidme que coloque en vuestro real pecho esta enseña de la Santísima Virgen, que os hará mucho bien...

EL REY — ¡No, no, no!

FRAY ANTONIO — Dejad que os la pongan, majestad.

EL REY — Que me la pongan; pero Mauro, no; ¡Mauro, no!

FRAY FROILÁN — *(Aparte y muy triste.)* Un monarca tan liberal...

EL INQUISIDOR — *(A FRAY MAURO.)* Traed. *(Pone la enseña a EL REY.)* Os la ponemos, señor, para libraros de los demonios que os poseen...

EL REY   (*Se levanta con las piernas temblonas y los
                ojos desorbitados.*) ¿Demonios? ¿Me po-
                seen los demonios? (*Se echa a llorar.*) ¡Que
                venga mi madreee!...

FRAY FROILÁN   (*Aparte.*) ¡Pobre Rey!

FRAY MAURO   (*Aparte, a* FROILÁN.) ¿Esto decís que es un
                rey? ¡Todo lo más es una sota!...

FRAY FROILÁN   Dicen que si está embrujado...

FRAY MAURO   En secreto, amigo: eso del embrujamien-
                to, ¡marramiau! Aprended esta sentencia
                de Platón, y aplicádsela al Rey:
                «Es un mal incurable la tontería,
                porque el que nace tonto, tonto se cría.»

FRAY FROILÁN   ¡Qué culto sois! No olvidaré las palabras
                de Platón.

                (*Entretanto, los frailes que formaban el cor-
                tejo real han avanzado, y colocando conve-
                nientemente los objetos que traían, han he-
                cho arrodillar a* EL REY *en el reclinatorio.*
                FRAY ANTONIO ÁLVAREZ DE ARGÜELLES, *con
                el hisopo en la mano, se dispone a alejar a
                los demonios con rapidez vertiginosa.*)

FRAY ANTONIO   ¡Satán, emperador de las tinieblas, flor del
                mal, conjunto de maldades, recaudador
                de contribuciones, huye! (*Hisopazo.*) ¡Tú,
                que inventaste el pecado, que sembraste

la discordia y que imaginaste el viajar en autobús, huye! (*Hisopazo.*) ¡Tú, que imbuiste a Julio César la idea del poder, que animaste el cerebro de Lutero y dictaste a Ramos Martín el libro de «la montería», huye!

(*Otro hisopazo.*)

EL REY   ¡Que se calle ese hombre!... ¡Que tengo anemia cerebral de oírle!

FRAY ANTONIO   (*Sin hacer caso.*) ¡En el nombre de Dios, huye, Satán! ¡Abandona el cuerpo de nuestro muy amado señor el Rey don Carlos! ¡Vuelve a tu antro infernal! ¡Ponte al frente de tus legiones, y márchate! ¡Satán! (*Hisopazo.*) ¡Satán! (*Hisopazo.*) ¡Satán!...

SATÁN   (*Aparece en la puerta.*) ¿Se puede? (*La batalla del Marne fue una partida de mus comparada con la que se arma en el aposento al aparecer el diablo. Varios frailes escapan a todo motor, y uno se arroja por la ventana de cabeza. EL REY empieza a dar unos gritos como si le arrancasen la muela del juicio con una podadera; FRAY FROILÁN se mete debajo de una mesa y EL INQUISIDOR ROCABERTI se tira al suelo y se hace el difunto. Solo FRAY ANTONIO ÁLVAREZ se queda en pie con el hisopo en alto, murmurando: «¡Caray, pues ahora se presenta de verdad!». El diablo, que lleva un rabo más largo que el directo de Madrid a Valencia, se dirige a* Fray Antonio.) Estimado fraile...

FRAY ANTONIO ¡Detente! *(Lo hisopea con furia varias veces.)* ¡Atrás! ¡Vete, en el nombre de Dios!

SATÁN *(Molesto.)* Hombre, no me digas cosas desagradables, que vengo en son de paz...

FRAY ANTONIO ¡Huye!

SATÁN Yo no soy Satán, ¿sabes? Soy Satanelo, su hijo. Y venía a decirte...

FRAY ANTONIO ¡¡En el nombre de Dios, huye!!

SATÁN *(Algo aburrido.)* ¡Qué pelmazo! Venía a decirte que no armases ese estruendo llamando a Satán, porque mi pobre padre, que está en cama con la gripe, necesita descanso.

FRAY ANTONIO ¡Oh!

(No puede resistir el diálogo y se desmaya.)

SATÁN ¡Caramba! Esta gente no sabe recibir visitas. Yo me quedaría a darles satisfacciones por el susto; pero si no llevo pronto el salicilato, a mi padre no se le va a quitar la gripe en un mes...

(Y SATÁN *hace mutis por el foro.)*

La catástrofe de Sagunto

Decoración   La tienda de campaña de Aníbal, situada en
el centro del campamento cartaginés que
sitia a Sagunto; 219 antes de Jesucristo.

Al levantarse el telón, en escena Aníbal, Leuko
y un pelotón de soldados que guarda la puerta.
Aníbal, *el gran general, tiene treinta años y os-*
tenta un aspecto fiero; se halla sentado sobre una
piel de leopardo, y está nervioso como un filete
de a real. Leuko *es un guerrero algo sentimen-*
talillo, que con tristes ojos mira el aspecto de la
batalla. Anochece. Se oye el rumor de las má-
quinas bélicas que baten los muros de Sagunto,
los gritos de los heridos y las voces de los ata-
cantes y defensores.

LEUKO   (*Se dirige a Sagunto.*)
Mísero pueblo sitiado,
cómo defiendes tu fuero,
y en tus muros encerrado
resistes al extranjero!

ANÍBAL   (*Se levanta furioso.*)
¡Voy estando más quemado
que el cinturón de un bombero!

(*Una larga pausa.*)

LEUKO   (*Volviéndose hacia* Aníbal.)
¿Sufres penas o reveses?

(*Una larga pausa.*)
Di, Aníbal, ¿qué te pasaba?

ANÍBAL   ¡Que a cien mil cartagineses
nos traen en jaque ocho meses,
y esto Leuko, es la caraba!

LEUKO   Perecen... Ya lo ves. ¿No te consuelas?

ANÍBAL   ¡Estoy que echo las muelas!

LEUKO   El cerco de Sagunto verás roto.
Ten paciencia y escucha mis razones.

ANÍBAL   ¡Se acabó mi paciencia! ¡Estoy que boto!

LEUKO   Aníbal, que no es tiempo de elecciones...

ANÍBAL   (*Hecho una verdadera fiera.*)
¡Hasta mañana solamente espera
mi gana de vencer en esta lucha!
¿No me crees?

LEUKO   ¡Te creo! ¡Eres un trucha!

ANÍBAL   ¡He de hacer de Sagunto una alta hoguera!

LEUKO   ¿Y tal como lo dices lo harás luego?

ANÍBAL   ¡Verás si cual lo digo no lo hago!
¿Es que piensas que el amo de Cartago
es una especie de Milán de Priego?

LEUKO   Deja en paz a los muertos, general.

ANÍBAL   A mí un vivo o un muerto me da igual.

LEUKO   Eres un tío de lo más cabal.

ANÍBAL   Somos tal para cual.

LEUKO   No está mal.

ANÍBAL   Natural.

LEUKO   *(Aparte.)* ¡Qué animal!

ABRINCO   *(Es un capitán cartaginés; se detiene en la puerta.)*
Aníbal, ¿das tu venia?

ANÍBAL   Pasa, Abrinco.
¿Qué tal te encuentras? Chócate esos cinco.
(Le alarga la mano, que Abrinco estrecha.)
¿Cómo te va en el puesto de tu mando?

ABRINCO   Ni muy bien ni muy mal. Vamos tirando.

ANÍBAL   Me alegro. Y, ¿qué querías?

ABRINCO   Anunciarte
que Alcón y Alorco quieren saludarte.

LEUKO   ¡Dos saguntinos!

ABRINCO   Sipi.

ANÍBAL   ¡Qué porfía!
               ¿Y es cierto que no sabes el objeto
               de su visita?

ABRINCO   Guardan el secreto
               y no murmuran esta boca es mía.
               Solo Alcón, a quien trato tú a tú,
               me ha dicho que te pida un interviú.

ANÍBAL   Diles que pasen. Tomarán vermú;
               verás cómo se van haciendo fu.

               (*Una pausa larga; entran* ALCÓN *y* ALORCO, *que
               son dos ancianos saguntinos.*)

ALORCO   Muy buenas.

ANÍBAL   Hola.

ALCÓN   Hola.

LEUKO   Se saluda.

ALORCO   Se corresponde sin ninguna duda.

ANÍBAL   Sentarse ya.

ALCÓN   No, no...

ANÍBAL   Pero ¡qué afán!...
               Ensilla a estos amigos, capitán.

(ABRINCO *ofrece sillas a los ancianos y todos se*
sientan.)
Bueno, pues os escucho.

ALCÓN   Se agradece.

ANÍBAL   ¿Qué os ocurre? O mejor: ¿qué os acaece?

ALORCO   *(Tras un silencio.)*
Pues venimos aquí y a este punto
a decirte con máxima energía
que lo que estás haciendo con Sagunto
es una verdadera porquería.

ANÍBAL   ¡Hombre, no exageréis! Eso es la guerra...

ALORCO   Pero una guerra demasiado perra.

ALCÓN   Tus máquinas guerreras nos atizan
de una forma, que estamos intranquilos.

ALORCO   Y en la plaza aterrizan
unos cascotes de doscientos kilos
que al que pescan lo dejan contrahecho...
y, vamos, ¡no hay derecho!

ALCÓN   No te creas que somos unos trastos,
que sabemos vencer en una liza;
pero de eso a hacer dramas de Alcoriza
hay una diferencia, ¡qué canastos!

ANÍBAL   Si no queréis que os zurre la badana,
rendid Sagunto.

ALORCO   (*Furiosísimo.*) ¡No nos da la gana!

ALCÓN   De rendir a Sagunto no nos hables...

ANÍBAL   ¿No veis cómo os ponéis intransitables?

ALCÓN   ¡Eres un cabezota!

ALORCO   ¡Eres un terco!
    ¡Aníbal, por tu Dios, levanta el cerco!

ANÍBAL   ¡Ni por Moloch haré tal desatino!
    ¡No volváis a insistir, que hacéis el chino!

ALCÓN   ¿Es tu última palabra?

ANÍBAL   ¡La postrera!
    Mañana iré a Sagunto hecho una fiera.

ALORCO   ¿Piensas entrar cual vendaval que arrasa?

ANÍBAL   Yo entro allí como Pedro por su casa.
    Hoy reúno a mis jefes en congreso
    y lo decido.

ALCÓN   ¡Que te crees tú eso!
    Cuando entres en Sagunto, general,
    no encontrarás ni un traje de percal.

ANÍBAL   ¡Ya lo veremos, pollos!

ALORCO   ¡Lo veremos!

ALCÓN   (*Aparte a* ALORCO, *señalando a* ANÍBAL.)
             Este hombre es el más memo de los memos.

             (ALORCO *y* ALCÓN *se inclinan y hacen mutis.*)

             (*Efectivamente, a la siguiente mañana,* ANÍBAL
             *entra en Sagunto y encuentra la ciudad hecha
             una hoguera de virutas; ni un saguntino ni me-
             dio ha quedado con vida: todos se han matado
             arrojándose a las llamas.*)

ANÍBAL   (*Contempla el siniestro.*)
             Para esta barbaridad
             ocho meses de estipendios...
             ¡Y tal vez a la ciudad
             la aseguraron de incendios!

             (*Queda pensativo succionándose el dedo meñi-
             que de la mano derecha.*)

El fallecimiento de Julio César

Decoración	Atrio del Senado romano. En el centro, la estatua de Pompeyo; al fondo, el Palatino; a la derecha, la vía Apia; a la izquierda, el Foro (por primera vez en el teatro).

Al levantarse el telón están en escena BRUTO, CASIO, CÍMBER, CASCA, FLAVIO, MARCELO *y algunos otros socios. Todos ellos visten amplias togas y son feos por unanimidad. Además de feos, son conjurados; son los conjurados para sacudirle en grande a* JULIO CÉSAR, *Se hallan formando grupo y hablan en voz baja, como quien lo hace en secreto.*

BRUTO   (*Echa una ojeada sobre sus compañeros.*)
           ¿Estamos todos?

CASIO   Sí.

FLAVIO   ¿No falta alguno?

BRUTO   ¿Falta algún ninchi que a nosotros se una?

CÍMBER   Creo que falta Muzo, ese tribuno
           que se suele sentar en la tribuna.

CASCA   No lo necesitamos.

MARCELO   Ese Muzo
           es mero espectador, y no guerrero.

BRUTO   (*Con ironía.*)

¿Quién afirma que Muzo es solo mero?
Porque yo creo que es más bien merluzo.

CASIO   (*Le da a* BRUTO *unas palmaditas cariñosas.*)
¡Por Pólux, que magnífico satírico!

CASCA   Pues ya veis, se las da de artista lírico...

CÍMBER   (*A* BRUTO.)
Aunque al pronto pareces hombre serio
eres el Muñoz Seca del imperio..

BRUTO   (*Mosqueado por los zurridos amistosos de sus
compañeros.*)
¡Basta ya de cobeo, por Diana,
que con esos piropos y esas flores
le sacáis a la cara los colores
hasta a una verde y saltarina rana!...

CASIO   (*Muy afable.*)
Siempre que hablas produces sensación.

CÍMBER   (*Afabilísimo.*)
Eres más exquisito que un bombón...

BRUTO   (*Con rabia.*)
¡Vaya, menos chungueo,
o tendré que llamaros algo feo!

FLAVIO   Pero, Bruto, ¿qué dices?

BRUTO   (*Se lía la toga a lo flamenco.*)
Que se me están hinchando las narices,

y si empiezo a guantadas,
vais a creer que llueven bofetadas...

MARCELO   Tamaña indignación no la concibo.

BRUTO   (*Más excitado todavía.*)
Es que yo soy más chulo que un tío vivo
y de mí no se chufla ese pelanas
(*por* CÍMBER)
sin que le extirpe cuatro muelas sanas...
(*A* CÍMBER.)
¡Ya lo escuchas, Felipe!
¡Nos ha revacunao... contra la gripe!...

(*Se marcha a un rincón con el entrecejo frun-*
cido.)

FLAVIO   Mirad el resultado: se mosquea
y tiembla de rencor y de coraje.

CÍMBER   Tiene menos correa
que un maletín de mano para viaje.

MARCELO   (*Se acerca a* BRUTO *y le habla aparte.*)
Bruto, no seas caribe y ven aquí.

BRUTO   ¿Qué pretendes de mí?

MARCELO   Nuestra unión contra César es sagrada.
Ven aquí, «bibelot»,
y no nos estropees el complot
por una pollinada...

BRUTO   *(Tras una pausa en que ha reflexionado con la*
cabeza.)
Es muy justa, Marcelo, tu propuesta;
pero si me habla alguno y yo recelo
que el joven en cuestión me toma el pelo,
empiezo a hacer el indio a gran orquesta...
Y es que yo, en lo escamón, salí a mi abuelo.
(MARCELO *se lo lleva nuevamente a la intimi-*
dad del grupo.)
¿Estáis dispuestos para el acto, pollos?

CASCA   *(Que es el más bestia.)*
Yo pienso hacerle a César, quince bollos
en la mitad del cráneo...

BRUTO   ¡Gran programa!

CASIO   ¡A muerte el hombre a quien el pueblo
[aclama!

CÍMBER   La ha de diñar, lo mismo que un camello,
a los pies de la estatua de Pompeyo!
(Saca un puñal y todos lo imitan.)
¡Juremos que con estos estiletes
haremos de él cien gramos de filetes!

(Todos juran.)

BRUTO   ¿Y por qué lo matamos?

TODOS   ¡Por ansioso!

MARCELO   Porque ya se está haciendo sospechoso
           de querer ser nombrado emperador.
           ¿Y hemos de consentirlo?

TODOS   ¡No, señor!

BRUTO   ¿Juráis hacerle un churro?

TODOS   ¡Sí, juramos!

BRUTO   Pues bueno, compañeros, prometamos
           darle diez puñaladas.

TODOS   ¡Eso, diez!

CASCA   Y démoselas todas en la nuez.
           (*Mira por el fondo.*)
           ¡Silencio! Ya está aquí.

           (*Guardan los puñales.*)

FLAVIO   ¿Qué?

CÍMBER   César viene.

MARCELO   ¡Qué aspecto de infeliz al pronto tiene!

BRUTO   Disimulemos, pues, nuestra intención,
           y si atizáis los golpes proyectados,
           en cualquier bar tenéis por mí pagados
           unos chicos de Arganda con sifón.

JULIO CÉSAR   *(Aparece en el fondo envuelto en la toga.)*
               Se saluda, señores...

               (Rumores de salutación.)

CASIO   *(Se adelanta a los demás.)*
               ¿Cómo va?

JULIO CÉSAR   ¿Qué te cuentas, gran Casio?

CASIO   Chico, na.

JULIO CÉSAR   *(Aparte.)*
               Oye, a ti que te gustan las menores:
               he visto en el Transtíber dos chiquillas
               que usufructuaban unas pantorrillas...
               ¡Vaya qué dos diablejos tentadores!...

CASIO   *(Pone los ojos en blanco.)*
               ¿Has dicho, tentadores?...

JULIO CÉSAR   ¡Qué guasón!

BRUTO   *(Avanzando contra* CÉSAR *estilete en alto, se-
               guido de los demás.)*
               Ha llegado el momento...

JULIO CÉSAR   *(Retrocediendo.)*
               ¡Maldición!...
               ¡Socorro!... ¡A mí!... ¡Que a asesinarme van!...

BRUTO   ¡Te vamos a matar, que ni en Tetuán!...

JULIO CÉSAR   ¿Tú también, Bruto?

BRUTO   Yo también; pues, claro...,
te descabello sin ningún reparo.

JULIO CÉSAR   (*Cae al suelo envuelto en la toga, que al poco
rato es una criba; desfallecido ya.*)
A la fuerza brutal del estilete
le da igual una toga que un birrete...

(*Abre un ojo desmesuradamente, alarga un pie
y la diña con toda sinceridad.*)

BRUTO   (*A sus compañeros.*)
¿Le habéis dado en la nuez con arrebato?

CASCA   ¡Tiene la nuez moscada para un rato!...

(*Los conjurados marcan un mutis rápido por
la derecha.*)

BRUTO   ¿Dónde vais tan de prisa en pelotón?

FLAVIO   A tomar esos tintos con sifón...

(*Los conjurados se van corriendo;* BRUTO *queda unos momentos pensativo.* CÉSAR *que está
muerto, no se mueve.*)

La defensa de las Termópilas

Decoración	El desfiladero de las Termópilas o «Puertas Calientes», situado entre la Tesalia y el Ática, visto desde la parte Sur.

Ocultos entre las rocas hay trescientos soldados espartanos, los cuales, a las órdenes de su general LEÓNIDAS, *hace cuarenta y ocho horas que impiden el paso del desfiladero al colosal ejército del persa Jerjes. Son las doce del día 2 de bohedromión (3 de septiembre) de 480 antes de Jesucristo. Miles de lanzas, de flechas y de jabalinas cruzan el aire en todas direcciones.*

LEÓNIDAS   *(Es un hombre joven y decidido; asomando la cabeza por encima de una masa rocosa.)*
¡Caramba, qué burrada! ¡Vaya un modo
de echar sobre este campo armas diversas!
El que asome la gaita paga todo
lo que antes les hicimos a los persas...

UN SOLDADO   *(Que se ha puesto al descubierto, y por ello ha recibido un flechazo mortal.)* ¡Mi madre, qué flechazo!

(Muere sin hacer testamento.)

LEÓNIDAS   ¡Pobre chico!
¡De qué mala manera ha hincado el pico!
Esto ya no es posible, ¡remilciades!,
que me quedo sin pizca de unidades...
Trataré de arengar a mis soldados

para que luchen siempre agazapados.
(*Y haciendo bocina de sus manos, el gran general lanza al aire la siguiente arenga, que Herodoto ha sublimado en sus libros.*)
«¡Soldados de Esparta! Tened precaución.
Los persas disparan, haciendo un derroche,
flechazos de día, pedradas de noche
y jabalinadas en toda ocasión.
No hagáis movimientos, que son peligrosos;
aquel que se mueve, su existencia inmola.
¡Soldados de Esparta! Si no sois juiciosos,
os harán los persas pedazos la chola.
¿Qué quieren los persas? Pues quieren pasar
el desfiladero, que es hondo y estrecho.
¡Ese plan diabólico les ha de fallar!
¡¡Antes de que pasen se parte uno el pecho!!».

(*Rumor de aprobación entre los invisibles soldados que defienden el desfiladero.*)

UN SOLDADO   ¡Cómo habla!

OTRO   ¡Es una fiera!

OTRO   ¡Vaya un tío!

OTRO   Nunca una musa se le muestra esquiva.

OTRO   ¡Eso es hablar, y lo demás... té frío!

OTRO   ¡¡Viva Leónidas!!

TODOS   ¡Viva... donde viva!

LEÓNIDAS (*Asomando la cabeza, muy conmovido, pero con la mar de precauciones.*)
Ansío el estracharos con mis brazos...
Pero dad menos coba y más flechazos.
(*Los soldados espartanos estimulados así, se dan prisa en disparar sus arcos.*)
Esto del combatir se pone duro...
Voy a largarme a un sitio más seguro.
(*Abandona el peñasco a gatas y se mete en una cueva natural que le sirve de tienda de campaña, y donde no llegan las flechas ni con recomendación.*)
Sano llegué, por fin... Tengo una estrella
que siempre me ayudó en lo que intenté.
(*Una pausa. Sentándose en el suelo muy pensativo.*)
Bueno; la verdad es que yo no sé
cómo va a terminar esta paella.
Porque Jerjes al mando de sus tropas,
ha puesto su sandalia en la Tesalia,
y un hombre que allí pone su sandalia
o soy yo imbécil o nos va a dar pocas. (*Pausa leve.*)
Si Jerjes nos invade, qué desdicha...
¡Qué horror, qué mala pata, qué sonrojo!
Algún infame me nombró la bicha,
o una gitana me lanzó mal de ojo...
En cambio, si yo venzo, si no muero,
entro en Persia y de Jerjes me apodero.
De esa entrada triunfal siento las ganas,
y en las ansias de hacerlo ya me abraso...
¡Ver los persas rendidos a mi paso
y los balcones llenos de persianas!

ALCIBES   *(Es un pobre soldado; entra en la gruta arras-*
trándose, porque sufre quince saetazos que le
desinflan el organismo rápidamente.)
General..., general... La estoy hincando.

LEÓNIDAS   ¡Por el Apolo délfico! ¡Nefando
destino que así mi alma bambolea!
Alcibes, ¿por qué estás hecho una oblea?

ALCIBES   General... Esto ya se está acabando...

LEÓNIDAS   ¡Pero habla, explícate!

ALCIBES   *(Sonriendo tristemente.)* ¡El lance es chusco!

LEÓNIDAS   Dime, que de impaciencia me chamusco.

ALCIBES   ¿Recuerdas tú que a Esfialtes, el ilota,
le dábamos por muerto antes de ayer?

LEÓNIDAS   Sí...

ALCIBES   Pues está más vivo, el gran idiota,
que un cangrejo acabado de coger.

LEÓNIDAS   ¿Qué me dices?

ALCIBES   Lo que oyes.

LEÓNIDAS   ¿Dónde está?

ALCIBES   Está en el campo que se ve hacia allá.

LEÓNIDAS   (*Rugiendo.*)
            ¡Con Jerjes! ¿Se ha pasado al enemigo?

ALCIBES   Leónidas, el persa lo ha comprado...

LEÓNIDAS   ¡Infame, vil! ¿Y sabes qué le han dado?

ALCIBES   Un saco de altramuces y de trigo.

LEÓNIDAS   ¡Ah, si él aquí estuviera, yo instantáneo,
            le haría Somatose todo el cráneo!

ALCIBES   General, y no es eso lo peor...

LEÓNIDAS   Pero ¿es que hay algo más?

ALCIBES   Sí; que el traidor
            ha enseñado a los persas un camino
            para llegar a Atenas...

LEÓNIDAS   ¡¡Qué cochino!!

ALCIBES   Y gracias a la odiosa estratagema,
            estamos rodeados y perdidos...

LEÓNIDAS   Pues, entonces, Alcibes, no hay problema:
            hay que morir matando a esos bandidos.

ALCIBES   ¡Pues a morir!

LEÓNIDAS   ¡Espera!

ALCIBES   ¿Qué?

LEÓNIDAS   Que aguardes;
voy a escribir dos líneas...

ALCIBES   Pues no tardes.
(LEÓNIDAS *saca un estilete y escribe en la pared
de la gruta estas dos líneas, que la Historia ha
repetido por los siglos de los siglos con acento
entusiasta:*)
«Di a Esparta que, por ella, ¡oh extranjero!,
perdemos la existencia y el dinero...»
¿No firmas?

LEÓNIDAS   No hace falta, pues yo y tú
hemos de ser citados por Cantú.

ALCIBES   Entonces, ¿qué hago yo?

LEÓNIDAS   Quédate aquí,
y muere, mientras yo me muero allí...

(*Señala al paso de las Termópilas, por donde se
precipita ya el ejército de Jerjes.* ALCIBES *abraza al general.*)

ALCIBES   Leónidas... Adiós...

LEÓNIDAS   Adiós, hermano.

(*Hace mutis muy jacarandoso.*)

ALCIBES   (*Viéndolo marchar.*)
¡Qué chulo va a la muerte el muy gitano!

(*Se limpia una lágrima con la punta de su espada, y se tumba, para morir cómodo.*)

Esta primera edición de *teatro breve. Volumen III*,
de Enrique Jardiel Poncela, terminó de imprimirse
en marzo de dos mil veinticinco,
en Madrid.